POLYGLOTT

NAMIBIA

ON TOUR

AF203495

DIE AUTOREN

DANIELA SCHETAR

Die Ethnologin und Reisejournalistin liebt Wüsten.
Namibia mit seiner Kombination von grandioser Natur und der
herzlichen Gastfreundschaft der Menschen ist ihr liebstes
Reiseziel auf dem schwarzen Kontinent.

FRIEDRICH KÖTHE

Als Soziologe beschäftigt sich Friedrich Köthe mit Geschichte
und Gegenwart Namibias, als Reisejournalist und Fotograf
ist er fasziniert von den archaischen Landschaften, den
Traditionen der Volksgruppen, dem Spiel des Lichts und dem
Wildreichtum des Landes.

Unser E-Book-Code zur elektronischen Erweiterung des
POLYGLOTT on tour. Das kostenlose E-Book enthält die im
Reiseführer aufgeführten Adressen entlang der Touren,
beispielsweise zu Essen und Trinken, Shoppen, Aktivitäten
und Hotel-Tipps. Links auf einen externen Kartendienst
vereinfachen das Auffinden dieser Adressen.

SYMBOLE ALLGEMEIN

 Erstklassig: Besondere Tipps der Autoren

 Seitenblick: Spannende Anekdoten zum Reiseziel

Top-Highlights und

 Highlights der Destination

56 TOUREN & SEHENSWERTES

TOUR-SYMBOLE		**PREIS-SYMBOLE**	
1 Die POLYGLOTT-Touren		Hotel DZ	Restaurant
6 Stationen einer Tour	€	bis 500 N$	bis 100 N$
📙 A1 Die Koordinate verweist auf	€€	500 bis 800 N$	100 bis 200 N$
die Platzierung in der Faltkarte	€€€	über 800 N$	über 200 N$
📙 a1 Platzierung Rückseite Faltkarte			

Perfekte Planung > Parallel
vordere Klappe aufschlagen

TOP-12-HIGHLIGHTS

Okahandja
Hentjes Bay
Nat.
Park
Spitzkoppe
1728
Usakos
Karibib
Daan Viljoen
Game Park
Gobabis
Mamuno
START
7
1
2
Swakopmund
Namib
Windhoek
Peperkorell
Khomas-Hochland
Dordabis
BOTSWANA
Walvis Bay
13
14
15
6
Kiripotib
südl. Wendekreis
Rehoboth
Der Westen S. 94
Namib-
Solitaire
Rietoog
Khomas-Hochland S. 58
ATLANTISCHER
Naukluft
Mariental
kein
Grenzübergang
Sesriem
Maltahöhe
Kgalagadi
Sossusvlei
Duwisib
Transfrontier
Park
Namaland
Mata
Mata
OZEAN
Tiras-
Berge
Fish River
Köcherbaumwald
3
4
Keetmanshoop
Rietfontein
Twee Rivieren
Lüderitz
Aus
Fish River
Canyon
Karasburg
Ai-
Ais
Upington
0
250 km
Oranjemund
Orange River
Der Süden S. 75
SÜDAFRIKA
Springbok

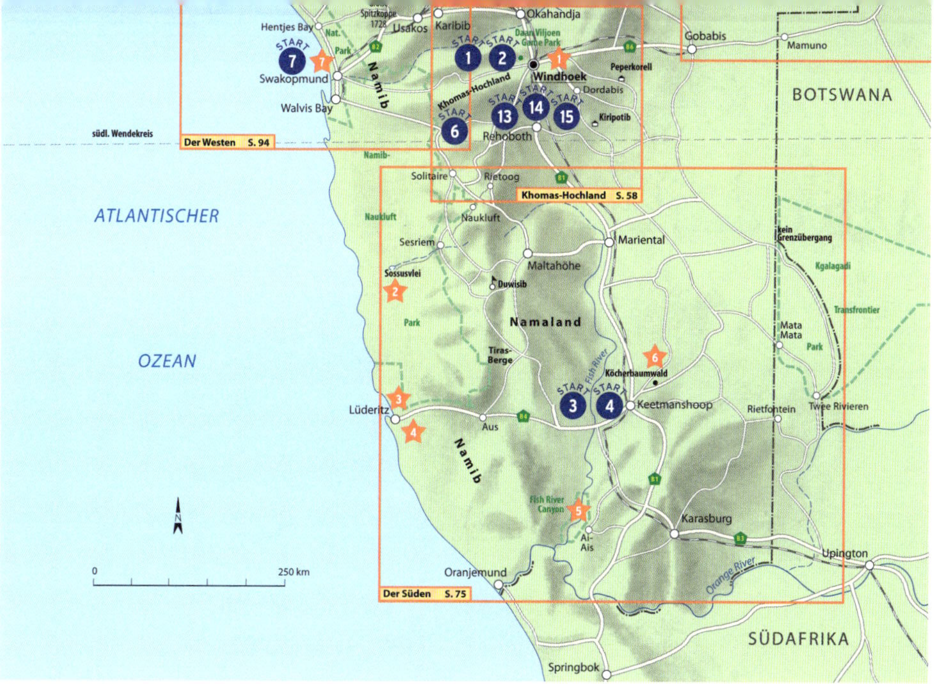

ZEICHENERKLÄRUNG DER KARTEN

- beschriebene Region (Seite=Kapitelanfang)
- 10 E h Sehenswürdigkeiten
- 4 Tourenvorschlag
- Autobahn
- Schnellstraße
- Hauptstraße
- sonstige Straßen
- Fußgängerzone
- Eisenbahn
- Staatsgrenze
- Landesgrenze
- Nationalparkgrenze

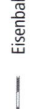

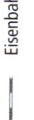

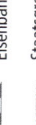

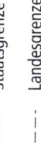

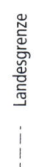

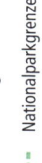

Giraffen sind gesellige Tiere
und leben in Rudeln

TYPISCH

NAMIBIA IST EINE REISE WERT!

Namibia – das ist unendlich weites Land, mit Dünenmeeren bis zum Horizont, mit schroffen Gebirgen und Schluchten und einem paradiesischen Wildreichtum. Putzige Kolonialstädtchen verlieren sich im Nirgendwo, Nomaden treiben ihre Rinder durch Steppenlandschaft, luxuriöse Lodges bewirten Gäste wie Freunde. Wer mit offenen Augen und Sinnen reist, findet hier sein Glück.

DANIELA SCHETAR UND FRIEDRICH KÖTHE
Die Ethnologin und Reisejournalistin liebt Wüsten. Namibia mit seiner grandiosen Natur ist ihr liebstes Reiseziel in Afrika. Als Soziologe beschäftigt sich Friedrich Köthe mit Geschichte und Gegenwart Namibias, als Reisejournalist und Fotograf ist er fasziniert von den Traditionen der Volksgruppen.

Wir Münchner Reisejournalisten haben unser Herz an Namibia verloren und können uns bei jeder neuen Reise kaum entscheiden, ob wir der Weite der Namib-Wüste, dem Felsskulpturengarten des Erongo, dem Tierparadies Etosha oder dem tropisch bunten Caprivi den Vorzug geben sollen. Was wir aber auf keinen Fall verpassen, ganz gleich wie die Zeit drängt, ist ein abendlicher *braai* auf einer unserer Lieblingsgästefarmen. Dazu ein Windhoek Lager, und da ist es – das Namibia-Feeling!

Gleich bei unserer ersten Begegnung zu Beginn der 1990er-Jahre haben wir es gefunden. Unsere Tochter war gerade drei Jahre alt, und es gab durchaus Bedenken, mit einem so kleinen Kind in ein so »wildes« Land zu reisen. Aber die waren vergessen, sobald wir auf der ersten Gästefarm ankamen, denn dort lebte Tinky, ein zahmes Erdmännchen, das sich in die Kleine verguckte, und leidenschaftlich gerne in ihren Armen kuschelte. Gerade war »König der Löwen« im Kino gelaufen, und wir erlebten die Zeichentrickabenteuer nun eben live. Auf der nächsten Farm trafen wir Willi, das Warzenschwein. Wir ritten auf Straußen, fütterten zahme Geparde, beäugten aus dem sicheren Fahrzeug heraus heimtückische Hyänen, hörten den König der Löwen brüllen und bewunderten zum Sonnenaufgang Giraffen vor den roséfarbenen Sanddünen. Für den Soundtrack sorgten Vogelstimmen. Unsere abendlichen Schlaflieder waren das Zirpen der Zikaden, das Bellen der Schakale und das Rascheln vieler unsichtbarer Nachttiere.

Unvergessen ist auch die Gastfreundschaft, die wir so noch nirgendwo genossen haben. Wir fuhren von Gästefarm zu Gästefarm, trafen dort oft auf Nachfahren deutscher Auswanderer, saßen mit den Familien am Abendbrottisch oder am *braai,* dem Grillfeuer, auf dem Fleisch oder Würste brutzelten, und hörten ihren Geschichten zu. Viele sind über die Jahre zu Freunden geworden.

Namibia ist eine sehr eigenwillige Mischung – hier die Einsamkeit der Namib-Wüste, die Wildnis des Kaokoveld, die Tierparadiese Etosha und Caprivi, das schwarzafrikanisch geprägte Ovamboland – dort wilhelminische Kolonialarchitektur, würziges Bier nach dem bayerischen Reinheitsgebot und urdeutsche Kultur. Natürlich bilden die Deutschen nur eine Minderheit, aber im Tourismus sind sie sehr präsent. Man kann sich mitten in der Namib fühlen wie bei Muttern, selbst gebackenen Marmorkuchen inklusive.

Man kann aber auch zu verstehen versuchen, wie die alteingesessene Bevölkerung, die San, Nama, Herero, Ovambo oder Damara leben, feiern, kochen oder jagen, indem man die immer zahlreicheren Projekte besucht, die ihre traditionelle Kultur vorstellen. Durch diese Arbeit partizipieren die Menschen an den Einnahmen aus dem Tourismus: Historic Living Villages beispielsweise oder Camps in den ehemaligen Homelands, in denen viele heute noch notgedrungen leben.

Die letzten 150 Jahre haben Namibia durch die deutsche Kolonisierung und die darauffolgende Herrschaft Südafrikas nachhaltig geprägt und seine Völker in teils menschenunwürdige Abhängigkeit und Lebensumstände gestürzt.

Namibia wie wir es lieben, mit freiem Blick bis zum Horizont

Essensstand auf dem Markt in Tsumeb

Auch wenn seit der Unabhängigkeit 1990 große Fortschritte erzielt wurden, sind die alten Apartheidstrukturen noch nicht überwunden – nach wie vor lebt die große schwarze Mehrheit in prekären Lebensumständen. Die Gleichstellung scheitert an der Landfrage. Rund zwei Drittel der Farmen sind im Besitz Weißer. Bei aller Faszination und Schönheit dieses Landes – vor der wirtschaftlichen und sozialen Realität sollte man als Gast seine Augen nicht verschließen.

Wie entdeckt man ein Land, das mehr als doppelt so groß ist wie Deutschland? Durch lange Autofahrten, denn die Entfernungen zwischen den Städten und Naturparks sind groß. Doch die grandiose Schönheit der Landschaften, die bizarren Gebirgsstöcke, die Wüstenweite entschädigen für jede Stunde hinter dem Steuer. Trekkingtouren durch die Naturschutzgebiete und Wanderungen auf den Spuren des Wildes, jede Art von Aktivität ist zugleich auch eine Annäherung an die majestätische und dabei so fragile Umwelt.

Namibia öffnet sich Besuchern wie ein Bilderbuch und Lehrbuch zugleich. Man muss nur bereit sein, in ihm zu lesen.

WAS STECKT DAHINTER?

Die kleinen Geheimnisse sind oftmals die spannendsten. Hier werden die Geschichten hinter den Kulissen erzählt.

WAS STECKT HINTER *LEKKER* UND *PAD*, ZWEI WORTEN, DIE MAN IMMER WIEDER HÖRT?

Ganz gleich ob bei Buren, Deutsch- oder Englischstämmigen, Ovambo oder Nama: Die beiden Begriffe haben Eingang in so gut wie jede namibische Sprache gefunden. *Lekker* entpuppt sich dabei als besonders vielseitig. Grundbedeutung ist gut, wohlschmeckend, doch es lässt sich auf viele weitere Kombinationen ein: *lekker kriegen* heißt z.B. Spaß haben, *lekker slap* wünscht eine gute Nacht.

Pad bedeutet der Weg, die Straße, die Piste. Und wenn Ihnen jemand *lekker pad* zuruft? Richtig: Gute Fahrt.

WARUM TRAGEN HERERO-FRAUEN KLEIDER, DIE AN EUROPÄISCHE SIEDLERFRAUEN AUS DEM 19. JH. ERINNERN?

Weil eben solche Matronen sie ihnen aufgedrängt haben. Bei Ankunft der ersten Missionare und Siedler waren die Herero-Damen nur mit einem Lederrock bekleidet (so wie heute noch die Himba). Diesem als unzüchtig empfundenen Outfit schoben die weißen Frauen schnell einen Riegel in Form viktorianischer Kleider vor. Etwas abgewandelt hat diese Tracht bis heute überdauert. Übrigens hat das züchtige Kopftuch auch eine symbolische Bedeutung: Die abstehenden Zipfel bilden Rinderhörner nach.

WOHER STAMMEN DIE RAUPEN-SPUREN IM SAND?

Die Spuren sehen aus, als seien Mini-Bagger durch die Namibdünen gedüst. In Wirklichkeit aber waren es die gar nicht so niedlichen Tok Tokkies, Namibias allgegenwärtige, langbeinige Schwarzkäfer. Sie tun niemandem etwas, werden aber lästig, wenn sie in Massen auftreten, denn sie überkrabbeln alles, was im Weg steht.

WELCHE FUNKTION HABEN DIE GEFÜLLTEN STOFFROLLEN AN DEN ZIMMERTÜREN VIELER GÄSTEFARMEN?

Sie sollen verhindern, dass ungebetene Besucher unter der Türe durchkriechen – etwa Skorpione oder Schlangen. Seien Sie darauf bedacht, die Rollen nach dem Betreten oder Verlassen des Zimmers wieder an ihre Stelle zu legen. Bei Sturm schützen sie auch vor Staub.

WARUM SIEHT MAN GNUS UND ZEBRAS HÄUFIG GEMEINSAM ÄSEN?

Weil Gnus sehr schlecht sehen. Die Zebras übernehmen den Wachdienst. Erkennen sie eine Bedrohung, geben sie das Signal zur Flucht. Und die Gnus laufen hinterher.

50 DINGE, DIE SIE ...

Hier wird entdeckt, probiert, gestaunt, Urlaubserinnerungen werden gesammelt und Fettnäpfe clever umgangen. Diese Tipps machen Lust auf mehr und lassen Sie die ganz typischen Seiten erleben. Viel Spaß dabei!

... ERLEBEN SOLLTEN

1 **Sandkasten Namib** Dünen, endlose Sandflächen, eine einsame Oryx, Sonnenaufgang – so jungfräulich sieht man die Namib nur aus dem Heißluftballon, z. B. bei einer Fahrt mit Hot Air Ballooning › S. 33.

2 **Auf dem Wüstenschiff** Gemächlich schaukelnd durch die Namib-Wüste zur spektakulären Mondlandschaft, das ist auf geduldigen Kamelen ein sehr intensives Erlebnis › S. 95, 104 (Swakopmund Camel Farm, Tel. 0 64/40 03 63, www.swakopmundcamelfarm.com, 20 Min., 200 N$).

3 **Farmrundfahrt mit Götz** Wenn Götz Nederlof demonstriert, wie Rinder gezüchtet werden und wie eine Windradwasserpumpe funktioniert, lernt man mehr über Namibia als aus dicken Büchern. Das erlebt man in Verbindung mit einer Übernachtung auf der Gästefarm Dornhügel › S. 129.

4 **Fahrradtour durch Katutura** Windhoeks ehemalige Township ist riesig, bunt, das pralle Leben. Mit Katutours strampeln die Tourteilnehmer auf einen Biketrail durch Katutura › S. 69 (Start am Soweto Market/Independence Ave., Tel. 0 61/21 00 97, www.katutours.com, ab 14 Jahre, Di–So 9.30 Uhr, 7,5 km, 3,5 Std., 750 N$).

5 **Fisch vom Grill** Zwischen Swakopmund und Hentjes Bay angeln die Namibier am Strand. In Buck's Camping Lodge › S. 109 Zelt aufstellen, im Ort Angelausrüstung besorgen, die Angel ins Wasser hängen und bald brutzelt der Fang auf dem Campinggrill!

6 **Pirsch mit den San** Sie sind begnadete Jäger und Fährtenleser. Auf der Farm Omandumba ▮ C3 gehen Besucher mit den San auf Jagd (Omaruru, Tel. 0 64/57 10 86, www.omandumba.de, nur in Verbindung mit Übernachtung).

7 **Lagerfeuerromantik** Zelten ist nicht Ihr Ding? Nun, Sie kennen die Camps in der Namib nicht. Keine Nachbarn, kein Zaun, ringsherum Natur pur. Und unter dem sternenübersäten Himmel raunen die Stimmen der Nacht. Herrlich auf dem Campingplatz Ganab › S. 99.

8 **SUV im Praxistest** Was bei uns nutzlos durch die Städte brettert, ergibt in Namibia Sinn: ein Geländewagen. Doch das Fahren auf holprigen Pisten will gelernt sein. So

Der anstrengende Aufstieg auf die Dünen am Sossusvlei wird durch einen wundervollen Rundblick belohnt

beim Fahrsicherheitstraining auf der Gästefarm Ababis › S. 81 (ein halber Tag für 1200 N$).

9 Auf Pferderücken Natur erleben Die auf der Etusis Lodge › S. 102 gezüchteten Basotho-Pferde gelten als besonders gutmütig und ausdauernd. Sie tragen selbst Reitanfänger geduldig durch die Steppenlandschaft am Rande des Erongogebirges (in Verbindung mit einer Übernachtung).

10 Trekking in der Naukluft Rund 17 km lang ist der ebenso anspruchsvolle wie vielseitige Waterkloof-Trail › S. 80. Auf dem Weg laden immer wieder Gumpen zur erfrischenden Rast ein (6–7 Std., reichlich Wasser und Verpflegung nicht vergessen).

... PROBIEREN SOLLTEN

11 Knackig frittierte Mopane-Raupen Die Spezialität steht u. a. im Restaurant des Xwama Cultural Village › S. 69 in Katutura auf der Speisekarte (250 g für 40 N$).

12 Wie schmeckt Mielie Pap? Maisbrei ist das Grundnahrungsmittel der farbigen und schwarzen Bevölkerung. Sie können es an den Straßenständen in Okakarara ▮ D2 südöstlich vom Waterberg-Park probieren (ca. 20 N$).

13 Boerewors vom Braai Wenn Namibier grillen, darf die Burenwurst nicht fehlen. Die aus wahlweise Rind (alternativ Wild), Lamm und Schwein bestehende, herzhaft gewürzte Wurst (Portion um 150 N$)

verträgt sich im Windhoeker Pub Joe's Beer House › S. 68 hervorragend mit Windhoek Lager.

14 Die frischesten Austern Wo sonst als in Lüderitzbucht sollte man sie bestellen? Beispielsweise im Diaz Coffee Shop, Oyster & Winebar in Lüderitz › S. 87 begleitet von einem Glas guten südafrikanischen Weißweins.

15 Kudu oder Oryx? Wild ist absolut *lekker,* wie die Namibier sagen. Im Restaurant The Raft in Walvis Bay › S. 111 wird das Wild zu nur mit Olivenöl und Salz gegrillten Sirloinsteaks verarbeitet – unvergleichlich (Esplanade, Tel. 0 64/20 48 77, www.theraft restaurant.com, um 150 N$).

16 Krokodilschwanz gefällig? Etwas eigenwillig, zugegeben, aber er schmeckt wie Hühnchen und wird als raffinierter Cocktail in würziger Marinade z. B. im Restaurant der Crocodile Ranch › S. 119 in Otjiwarongo serviert (ca. 100 N$).

17 Eisbein mit Sauerkraut Ja, auch deutsche Küche kann man an der Südwestküste Afrikas bestellen. Das Swakopmunder Brauhaus ▌B3 ist dafür eine bewährte Adresse (The Arcade 22, Sam Nujoma Drive, Tel. 0 64/ 40 22 14, www.swakopmundbrauhaus.com, Mo–Sa 10–14.30, 17–21.30 Uhr, ca. 100 N$).

18 Windhoek Lager Gebraut nach deutschem Reinheitsgebot von einem deutschstämmigen Braumeis-

Ruacana Falls bei hohem Wasserstand des Kunene River

ter und eines der beliebtesten Biere im südlichen Afrika. Gibt es in allen Supermärkten und an Tankstellen.

19 Appletiser Ein geniales Getränk! Apfelschorle, direkt aus den Früchten vergoren und deshalb mit fein säuerlichem Geschmack, ohne Zusatz von Zucker oder Farbstoffe. Erhältlich in Supermärkten und an Tankstellen.

20 Omaluvu-Schwips Bei einer Evening Township Tour in Swakopmund › S. 104 gibt es in einer traditionellen Bierkneipe *(sheebeen)* das aus Sorghum gebraute Bier Omaluvu der Ovambo zu kosten (Hata Angu Cultural Tours, www.culturalactivities-namibia.com).

… BESTAUNEN SOLLTEN

21 Uniformen und Matronenkleider Nicht nur am Ahnengedenktag in Okahandja › S. 73, aber da besonders farbenfroh, präsentieren die Herero ihre den deutschen Kolonialherren abgeguckte Tracht.

22 Stargazing an der Spitzkoppe Namibias neuester Trend ist Sternegucken. Kein Wunder, denn der klare Nachthimmel gibt den überwältigenden Blick auf Millionen von Sternen frei. Besonders schön anzusehen im Spitzkoppe Restcamp › S. 45 im Herzen der Namib.

23 Namibia im Wasserrausch Gurgelnd und rauschend stürzt der Kunene River an den Epupa Falls in die Tiefe › S. 115. Ein einmaliger Anblick im ariden Namibia unweit der angolanischen Grenze.

24 Kleinstaaterei in der Namib Was passiert in den Termitenbauten? Wie sind die Insekten organisiert? Familie Theile vom privat geführten Namtib Biosphärenreservat › S. 85 und Termitenspezialist eröffnet den Gästen einen faszinierenden Blick auf die staatenbildenden Krabbeltiere.

25 Schloss Duwisib Da reibt man sich verwundert die Augen: Mit seinen roten Steinmauern, Zinnen und Wehrtürmen wirkt Namibias skurrilstes Kolonialbauwerk zwischen Maltahöhe und Tirasbergen wie eine trutzige Festung aus dem Mittelalter › S. 83.

26 Die Wüste lebt Das, was die Guides von Living Desert Tours bei einer Dünenwanderung in der Namib › S. 96 vorführen, ist live: Raupenspuren von Skorpionen, die Schleifen einer Zwergpuffotter, eine Goldene Radspinne, die die Düne hinunterrast (Tel. 0 64/40 50 70, www.livingdesertnamibia.com, 700 N$).

27 Die Löwen von Okapuka Wer wenig Zeit zur Verfügung hat, kann die Könige der Tiere schon in der Nähe von Windhoek, auf der Okapuka Ranch ▮ C3, bei der täglichen Fütterung sicher aus der Nähe beobachten (27 km nördlich von Windhoek an der B1, Tel. 0 61/25 71 75, www.okapukaranch.com, Voranmeldung, ca. 400 N$).

28 Landschaft wie am zweiten Schöpfungstag Reisende, die zwischen Duwisib › S. 83 und Aus › S. 85 die westliche D 707 entlang der Tirasberge wählen, führt ihr Weg zwischen den goldenen Dünen

Die *Welwitschia mirabilis* zählt zu den Sukkulenten

der Namib und den rötlich grauen Flanken des Escarpments hindurch – eine Szenerie zum Niederknien!

29 Gottes Zen-Garten Die roséfarbenen Sanddünen der Kalahari sehen aus wie mit einem Rechen gezogen. Wanderwege auf dem Gelände der Kalahari Anib Lodge › S. 93 führen durch den Riesensandkasten (in Verbindung mit einer Übernachtung).

30 Pflanzen-Methusalem Weniger wegen ihrer Schönheit als wegen ihres Alters wird die *Welwitschia mirabilis* › S. 42, 108 bestaunt. Sie ist ausschließlich in der Namib beheimatet und wird geschätzt weit über 1000 Jahre alt. Respekt!

... NACH HAUSE NEHMEN SOLLTEN

31 Nachhaltige Körbe Die Künstler auf Kiripotib recyceln Plastikabfälle zu farbenfrohen Korbkreationen. Zu kaufen auf der Farm Kiripotib › S. 71 (ab 100 N$).

32 Notration Fleisch Das Trockenfleisch Biltong erinnert zu Hause noch lange an Namibia: Es gibt Rind und Wild, pikant gewürzt, überall zu kaufen, besonders *lekker* bei Closwa Biltong ▮ C3 (Voortrekker Road, Okahandja, www.closwa.com, und in den Läden in Tsumeb, Swakopmund und Windhoek, um 20 N$).

33 Giraffen-Ringe Witzige, in Gestalt von Löwen, Kudus oder Nas-

Holzmasken aus ganz Afrika werden bei Bushman Art angeboten

hörnern aus Holz gearbeitete Serviettenringe finden Sie preiswert auf dem täglich stattfindenden Holzschnitzermarkt in Swakopmund > S. 104 (unterhalb der Am Zoll Street, ca. 10 N$/Ring).

34 **Stich für Stich** Missionarsgattinnen brachten Nama-Frauen das Besticken von Tisch- und Bettwäsche bei. Casa Anin ▮ C3 vertreibt die edlen Stücke mit afrikanischen Motiven (Klein Windhoek, Bougain Villas, 78 Sam Nujoma Drive, Tel. 0 61/25 64 10, anin.com.na).

35 **Heia Safari** Die ideale, strapazierfähige Hose aus 100 % Baumwolle bekommen Sie in namibischen Ausrüstungsläden günstiger als zu Hause, z. B. von Sterling bei Safariland Holtz ▮ b4 (Gustav Voigts Centre, Independence Ave., Windhoek, Tel.

0 61/23 59 41, gustavvoigtscentre.com.na, für 500 N$).

36 **Viele bunte Vellies** Die original *vellies*, Wüstenschuhe aus samtweichem Kuduleder, traten von Namibia aus zur Eroberung der internationalen Modewelt an, sind aber nur online zu kaufen (brother vellies.com, um 200 €). Weniger faishonable, dafür deutlich billiger: Kudulederschuhe bei Holtz an der Sam Nujoma Ave. in Swakopmund ▮ B3.

37 **Die Sprache der Masken** Wer etwas von afrikanischer Kunst versteht, kann in Namibia echte Raritäten finden und diese deutlich günstiger als bei europäischen Antiquitätenhändlern erwerben. Schauen Sie bei Bushman Art in Windhoek rein > S. 68.

38 **Es blinkt und glitzert** Da werden nicht nur Kinderaugen groß: Im Henckert Tourist Center › S. 102 in Karibib gibt es unbearbeitete Halbedelsteine kiloweise zu kaufen.

39 **Dekoratives Souvenir** Die fröhlich bunten Herero-Stoffpuppen in viktorianischer Tracht sind für wenige Namibiadollar z. B. auf dem Holzschnitzermarkt Mbangura Woodcarvers Craft Market am Ortseingang von Okahandja zu haben › S. 74.

40 **Afrikanische Maid** Township- und Pop-Art, Nachhaltigkeit und soziale Verantwortung sind die Zutaten, aus denen »Maid in Africa« T-Shirts, Hosen und Taschen produziert und an einem Stand im Namibia Craft Center › S. 66 vertreibt (Andrew und Micha Weir, www.maid inafrica.com).

... BLEIBEN LASSEN SOLLTEN

41 **Barfuß laufen wie die Einheimischen** Die wissen nämlich, wo sie hintreten und sehen genauer als wir, wo sich Gefahr in Gestalt von Schlangen tarnt. Auch Badelatschen und offene Sandalen sind nicht sicher!

Herero-Püppchen sind farbenfrohe Mitbringsel

42 Elfenbein kaufen Dass das zu Skulpturen und Schmuck verarbeitete Elfenbein in Namibia aus streng kontrolliertem, legalem Abschuss stammt, interessiert an den europäischen Grenzen niemanden. Es wird konfisziert, denn hier gilt das Washingtoner Artenschutzabkommen.

43 Ohne Guide eine Township besuchen Nicht weil einem dabei etwas passieren würde – vielmehr haben Fremde nicht die geringste Ahnung vom Alltag in Katutura und treten so in viele Fettnäpfchen.

44 Über Pisten rasen Endlose Weite und gar kein Gegenverkehr – was soll schon passieren? Dann kommt eine Bodenwelle in die Quere – durch das spontane Bremsmanöver macht das Auto einen Satz wie ein fliehender Springbock, und die Reise ist vorbei.

45 Autostopp Macht niemand in Namibia. Die Touristenautos sind sowieso voll, außerdem könnte jemand auf dumme Gedanken kommen, wenn da ein Wohlhabender aus Übersee mit Hab und Gut alleine in der Natur rumsteht.

46 Steine aufheben Vor allem auf kleine Kinder sollte man stets ein Auge haben, denn die tun ja nichts lieber. Was passiert aber, wenn sich darunter ein Skorpion versteckt?

47 Spät nachts durch Windhoek streunen Nicht dass die Stadt besonders gefährlich wäre, aber sie ist nachts einfach ausgestorben. Wenn

Achtung, Geparden kreuzen!

doch etwas passieren sollte, dauert es lange, bis Hilfe kommt.

48 Querfeldein fahren Zugegeben, es reizt ungeheuer, die Piste zu verlassen und in die Landschaft zu fahren. Aber: Sie zerstören dabei Wurzelwerk von Pflanzen, die auf den nächsten Regen warten, oder Zufluchtsorte von Insekten und Wüstentieren.

49 Nationalparkregeln ignorieren Etosha ist kein Disneyland, die Tiere sind echt. Also bleibt man wie vorgeschrieben im Fahrzeug sitzen, egal was passiert. Und auch für die anderen Schutzgebiete gilt: Die Regeln machen nicht nur Sinn, sie sind überlebenswichtig.

50 Malariaprophylaxe zu leicht nehmen Je nach Regenzeit und Infektionsstand ist das nördliche Drittel Namibias, manchmal auch die nördliche Hälfte, Malariagebiet. Wer hier reist, sollte den Rat seines Tropenarztes unbedingt befolgen.

Straße nach Palmwag in der Nähe des Grootbergs

REISEPLANUNG
& ADRESSEN

DIE REISEREGION IM ÜBERBLICK

**Die höchsten Sterndünen Afrikas, die älteste Küstenwüste, der zweit-
größte Canyon der Welt, die Welwitschia, Methusalem unter den Pflanzen,
geschützte Bestände bedrohter Tiere wie des Weißen Nashorns – die
Aufzählung landschaftlicher, geologischer, botanischer und zoologischer
Höhepunkte Namibias ließe sich beliebig fortführen.**

Die Namib, die endlose »Ebene«, gab dem riesigen Land an der Südwestecke
Afrikas seinen Namen. Der bis zu 200 km breite Wüstenstreifen zwischen
Orange River im Süden und Kunene im Norden reicht von der Atlantikküs-
te im Westen bis zur 2000 m hohen Großen Randstufe, dem Escarpment im
Osten, mit der sich das zentrale Hochland rund 1000 m über das lebens-
feindliche Trockengebiet erhebt. Nach Osten und Norden hin senkt sich das
Hochland hinunter zum Becken der Kalahari mit rotsandigen Dünen und
abflusslosen Salzpfannen, an denen das Wild nicht nur in der Regenzeit
Wasser findet und Salz lecken kann.

Eingerahmt von Wüsten, gleicht das **zentrale Hochland** einer Festung,
in der die Viehzüchter und Jäger jahrhundertelang unbehelligt leben konnten. Hier liegt heute der wichtigste Wirtschaftsraum des Landes mit der
Hauptstadt **Windhoek**. Die Niederschläge der sommerlichen Regenzeit

---

💬 AUF DEN SPUREN DES WILDES

Elefant, Leopard, Löwe, Büffel und Nashorn bilden zusammen »The Big Five«,
und alle sind in Namibia vertreten. Daneben äsen Giraffen zwischen Schirmakazien, Flusspferde aalen sich in Teichen, Vögel zwitschern im Busch, weben
ihre Nester oder rasten auf ihrem Zug in die Ferne in den Lagunen am Atlantik, und natürlich gibt es auch Schlangen und Skorpione. Doch nicht nur die
für Afrika typischen Tiere sind zu bewundern, sondern auch Eismeerbewoh-
ner: An der Küste Namibias haben Robben ganze Kolonien gegründet, gleiten
Pinguine elegant ins eiskalte Wasser, finden Pelikane ungestörte Brutplätze.

Zahllos sind die Antilopen Namibias, ob sie nun als Einzelgänger durch den
Busch oder in großen Herden über die Ebenen ziehen. Die schlechtsichtigen
Gnus schließen sich den aufmerksamen Zebras an und flüchten mit ihnen,
wenn Fremdes oder Gefährliches naht. Elegant schweben die zierlichen
Springböcke über Hindernisse oder hüpfen mit wilden Verrenkungen in die
Luft, um Feinde zu verwirren. Oryxantilopen (auch Spießbock oder Gemsbok)
rasten mittags unter Dornbüschen und Bäumen, sind aber auch in den baum-
losen Dünengebieten zu finden. Elands, Duiker, Kudus, Säbelantilopen, Nyalas,
Pferdeantilopen und Buntböcke scheinen nur auf die Fotografen zu warten.

(von November bis März) erlauben eine bescheidene landwirtschaftliche Nutzung, überwiegend in Form von Rinder- und Schafzucht. Mehrere Gebirge unterbrechen die Hochlandebene: das markante Erongomassiv und das Waterberg-Plateau im Norden, die Gipfel des Onjati und Khomas im Mittelteil und die Karasberge im Süden. Namibias höchster Berg ist der Königstein, der mit 2574 m das Brandbergmassiv nordöstlich von Swakopmund überragt.

Der **Süden** fasziniert durch seine großartigen Landschaften, darunter der Fish River Canyon, das zerklüftete Massiv der Tirasberge, grenzenlose Dünenmeere bei Sossusvlei und weite Ebenen, die sich im Horizont verlieren. An der Küste lockt im Südwesten Namibias das Städtchen Lüderitz, wo die Kolonisierung des Landes begann. Die Inseln vor der Granitküste sind Brutplätze für Pinguine, Treffpunkt der Robben und Versammlungsort der Meeresvögel. Im Hinterland sorgte das ehemalige Sperrgebiet für den Wohlstand des Landes – Diamanten sind noch heute ein wichtiger Devisenbringer, werden aber inzwischen hauptsächlich an der Mündung des Orange River und im küstennahen Meer geschürft.

Bei der Fahrt in den **Westen** von Windhoek hinab in die Ebenen der Namib, über die schroffen, steilen Pässe des Escarpments, folgt man den Spuren der Ochsenwagenfahrer, die vor 150 Jahren mühselig über die steinernen Pfade ihren Weg suchen mussten. Blaue Meeresweite vor der Kulisse goldener Dünen, wilhelminische Architektur in Swakopmund und jede

Friedliches Nebeneinander – Elefanten und Springböcke kommen sich nicht in die Quere

Menge Funsport erwarten die Reisenden. Austern und anderes Meeresgetier kommen auf die reich gedeckten Tische der Hotels und Restaurants.

Flüsse, Riviere genannt, haben ihre gewundenen Schluchten in das Gestein gegraben, doch die meiste Zeit des Jahres führen sie kein Wasser. Nach Regenfällen jedoch können sich staubtrockene Flussbetten in reißende Ströme verwandeln. Die Flüsse im **Norden** wie der Kunene, der Kavango/Okavango und der Sambesi, die die Grenze zwischen Namibia und den Nachbarländern bilden, führen hingegen ständig Wasser. In den Flussauen des Nordostens ist sogar Ackerbau möglich. An den Ufern löst frisches Grün das vorherrschende Graubraun ab und lockt zahlreiche Wildtiere an. Ein ganz anderes Gesicht zeigt die Landschaft weiter westlich. Die riesige Salzpfanne von Etosha bestimmt das Bild – in der Regenzeit von den Wassermassen aus Angola gefüllt, zeigt sie sich in der Trockenzeit als grellweiße Fläche, über die das Wild in großen Herden zieht. Hier leben Elefanten, Zebras, Giraffen sowie zahlreiche Antilopengattungen, aber auch deren Jäger: Löwen, Hyänen, Leoparden und Geparde. Die westlich anschließende Gebirgsregion des Kaokoveld wiederum präsentiert sich als herbe Wüstenlandschaft, in der die Vieh züchtenden Himba teils noch als Halbnomaden leben.

Den Reisenden erschließt sich vom **Caprivi-Strip** im Nordosten aus der Zugang zu einigen der bedeutendsten Naturschönheiten des südlichen Afrikas: dem Okavango-Delta und dem Chobe-Nationalpark in Botswana sowie den Victoriafällen an der Grenze zwischen Simbabwe und Sambia.

KLIMA & REISEZEIT

Der größte Teil Namibias gehört zum semiariden Steppengürtel der südlichen Halbkugel, der sich über das Kalahari-Becken in die Republik Südafrika fortsetzt. Nur den nördlichsten Streifen im Grenzgebiet zu Angola rechnet man zu den Subtropen mit Savannen und ganzjährig Wasser führenden Flüssen.

Unterschieden werden zwei Hauptjahreszeiten: der **Südsommer** von November bis März, der den ersehnten Regen bringt, und der **Südwinter** von Mai bis September, in dem weitgehend Trockenheit herrscht. Die Temperaturen bleiben an der Atlantikküste das ganze Jahr über relativ konstant: Im Sommer werden 15–20 °C erreicht, im Winter 10–18 °C. Im 1700 m hoch gelegenen Windhoek gibt es größere Unterschiede: Im Sommer liegen die Temperaturen zwischen 17 und 30 °C, im Winter zwischen 6 und 20 °C, nachts kann es empfindlich abkühlen. Dramatisch werden die Temperaturunterschiede in der ungeschützten Wüstenlandschaft: Stechende Hitze am Tage und Frost in der Nacht bilden eine harte Belastungsprobe für Flora und

Fauna. Sonnenbrille, Sonnenhut und Hautschutz mit hohem Lichtschutzfaktor sind bei der intensiven Sonneneinstrahlung auch im Winter angeraten. Der Wert für die sonnenbrandwirksame Strahlung (UV-Index) kann selbst im September noch über 95 % liegen.

Häufigkeit und Intensität der Niederschläge nehmen von Norden nach Süden und Westen hin ab. Die Gärten und Felder am Kavango gedeihen dank reichlicher Regenfälle, die in guten Jahren über 700 mm erreichen können. Im zentralen Hochland, wo die meisten Viehfarmen liegen, fallen zwischen 300 und 500 mm Regen. Längere Trockenperioden bedrohen das Gleichgewicht der Weidewirtschaft allerdings erheblich. Im östlich angrenzenden Becken der Kalahari fällt zwar ausreichend Regen, doch die Sande und Salzpfannen

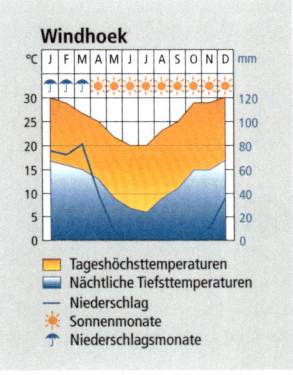

Windhoek

	Tageshöchsttemperaturen
	Nächtliche Tiefsttemperaturen
	Niederschlag
	Sonnenmonate
	Niederschlagsmonate

WANN WOHIN?

Die individuelle Reisezeit hängt vor allem von den geplanten Aktivitäten ab. Wanderer sollten sich am besten für den namibischen Winter entscheiden, zumal im Sommer wichtige Attraktionen wie die Wege im Fish River Canyon wegen der großen Hitze gesperrt sind. Für Tierbeobachtungen empfiehlt sich ebenfalls der Südwinter, denn dann kommen aufgrund der Trockenheit die Tiere an die Wasserstellen der Nationalparks. Kulturell Interessierte sind mit einem Besuch im Herbst oder Frühling am besten beraten. Man umgeht bei Besichtigungen und Touren zu den Sehenswürdigkeiten in den Wüstengebieten die hohen Tagestemperaturen.

Im Spätsommer überziehen sich Steppen und Wüsten nach den längeren Regenfällen mit frischem Grün und farbiger Blütenpracht. Allerdings können dann manche Pisten (Pads) durch die Regenfälle unpassierbar sein.

Wer baden will, muss im Hochsommer die Küste besuchen. Aber auch dann sind die Temperaturen des Atlantiks selten höher als 15 °C und nur für hartgesottene Schwimmer erträglich.

Die Campingplätze und Lodges sind während der Schulferien in Namibia und im benachbarten Südafrika (Anfang Dezember bis Mitte Januar, Mitte oder Ende April bis Mitte/Ende Mai und Mitte August bis Anfang September) häufig ausgebucht. Wer in dieser Zeit reist, sollte die Unterkünfte mindestens drei Monate vorher vom Heimatland aus reservieren.

können das Wasser nicht speichern. Es verdunstet oder sickert in tiefere Gesteinsschichten ein und ist damit für Mensch und Tier verloren.

Südnamibia gehört schließlich zu den ariden Zonen mit Niederschlägen unter 300 mm; häufig bleiben sie sogar ganz aus, so wie 2015/16 im gesamten südlichen Afrika, sodass die Ernten praktisch vollständig ausfielen.

ANREISE

Mehrmals pro Woche fliegt Air Namibia von Frankfurt/Main direkt nach Windhoek (www.airnamibia.com). Condor verbindet im Sommerhalbjahr zweimal pro Woche Windhoek direkt mit Frankfurt (www.condor.com).

Mit South African Airlines gibt es Verbindungen von mehreren deutschen Städten via Johannesburg (ca. 14 Std., www.flysaa.com). Österreicher und Schweizer müssen über Deutschland oder, mit Umsteigen in Kapstadt bzw. Johannesburg, über Südafrika fliegen. Die wichtigsten Destinationen der Nachbarländer (Maun in Botswana, Victoria Falls in Simbabwe, Kapstadt und Johannesburg in Südafrika) werden mehrmals wöchentlich von Windhoek aus bedient.

Internationale Flüge starten vom Hosea Kutako International Airport, 40 km außerhalb von Windhoek im Osten, nationale und regionale Verbindungen vom Eros-Flughafen am südlichen Stadtrand. Den Transfer übernehmen Taxis und Busse; sie stehen gegenüber dem Kalahari Sands Hotel in Windhoek.

REISEN IM LAND

FLUGVERBINDUNGEN

Das innernamibische Flugnetz verbindet die Hauptstadt mit Walvis Bay, Lüderitz, Ondangwa, Rundu, Oranjemund und Katima Mulilo. Charterflüge gibt es praktisch ins ganze Land. Kleinmaschinen mit vier oder acht Sitzplätzen starten von Windhoek zu einer der mehreren Hundert Landepisten. Fast jede Farm besitzt ihr eigenes Flugfeld, und wenn in den unwegsamen Regionen mal keins zur Verfügung steht, tut es auch eine Schotterstraße.

BUS- UND BAHNVERBINDUNGEN

Busse und **Bahn** verkehren regelmäßig zwischen Windhoek und Walvis Bay, Swakopmund, Keetmanshoop und Tsumeb/Grootfontein; die Eisenbahn unterhält zusätzlich eine Linie nach Gobabis im Osten. Der **Shongo-**

lolo Express, ein Hotelzug, bietet eine Fahrt von Pretoria nach Walvis Bay (Dauer 12 Tage, inkl. Fish River Canyon, Windhoek und Etosha-Nationalpark) mit Besuch der bedeutendsten Sehenswürdigkeiten. (Buchung in Südafrika: Tel. +27/21/4 21 40 20, www.shongololo.com).

Der Luxuszug **Desert Express** ist mit 24 eleganten Apartments ausgestattet, von denen aus man einen herrlichen Blick auf den nächtlichen Himmel genießt. In Namibia gebaut und von namibischen Künstlern ausgestattet, verkehrte der Zug, von diversen Reiseunternehmen gechartert, von Windhoek aus in den Süden, in den Norden und an die Küste. Derzeit befindet sich der Zug in Generalüberholung, ein genauer Termin für die Reaktivierung des Fahrplanes war 2018 nicht zu erfahren.

SAMMELTAXI

Das Sammeltaxi ist das wichtigste Verkehrsmittel der schwarzen und farbigen Namibier und verbindet alle größeren Orte miteinander. Die Reise in einem solchen Gefährt ist ein Abenteuer für sich, das nicht unbedingt jeder genießt.

MIETWAGEN

Hauptverkehrsmittel der Touristen ist der Mietwagen. Reisende, die Namibia auf eigene Faust entdecken möchten, bleibt er als einziges Verkehrsmittel. Für einen VW Golf muss man mit ca. 40 €/Tag rechnen, ein Geländewagen ist ab 75 €/Tag zu haben. Ein internationaler Führerschein und eine Kaution werden verlangt. Die meisten Fahrzeuge sind ordentlich gewartet, das Profil der Reifen und des Ersatzrades sollte man aber unbedingt prüfen. Bei normalen, trockenen Wetterverhältnissen genügt ein Pkw, um alle wichtigen Sehenswürdigkeiten zu erreichen. Wer einen Abstecher in die angrenzenden Länder plant, sollte dies vorab bei der Verleihfirma klarstellen.

In Namibia gibt es zahlreiche Autovermieter, die die unterschiedlichsten Fahrzeugtypen im Programm haben. Die gängigsten sind rumänischer (Dacia Duster) oder japanischer Herkunft mit Zwei- oder Vierradantrieb, Ein-

---

💬 SCHMALES REISEBUDGET?

Namibia ist kein Land für Rucksacktouristen: Der Mangel an öffentlichen Verkehrsmitteln macht es fast unmöglich, ohne eigenes Fahrzeug im Land zu reisen. Sammeltaxis verkehren lediglich zwischen den Städten. Der **Overlander** – ein Lkw, der die Reisenden auf Sitzbänken auf der Ladefläche transportiert – ist die günstigste Art, pauschal durch Namibia zu reisen. Ein Anbieter ist Overlanding Africa in Südafrika, Tel. +27/21/422 46 44, www.overlandingafrica.com. Die Touren beginnen in Südafrika oder Windhoek und führen bis Victoria Falls.

UMGANG MIT DER NATUR

Auch Büroarbeit ist wichtig

Edmund Shipulwa verbrachte seine Kindheit auf dem traditionellen Gehöft seiner Eltern im hohen Norden Namibias. Als er auf die Schule wollte, musste er seine Familie und Freunde zurücklassen und zu seinem Onkel nach Etunda in der Nähe von Ruacana an der Grenze zu Angola ziehen. Im flächenmäßig riesigen Namibia mit seiner geringen Bevölkerungsdichte liegen Schulen oft so weit entfernt, dass Kinder in Internaten oder bei Verwandten untergebracht werden müssen. Nach der zehnten Klasse ging er zurück auf das elterliche Gehöft, wo er auf den Feldern und bei der Viehhaltung half.

Durch Zufall erfuhr er 2007 von einem Arbeitsangebot im tiefen Süden: Das Tourismusunternehmen Gondwana Collection suchte für einen der größten privaten Naturparks des Landes Aushilfen, und er machte sich auf den Weg. Sein Umgang mit der Natur ließ ihn zum Ranger aufsteigen und als engagierter Wildhüter war er auch bald für Fortbildungen qualifiziert, avancierte zum Reiseleiter und bekam Erfahrung in der Personalführung.

Heute ist Eddy leitender Ranger und im 1250 km² ha großen Gondwana Canyon Park verantwortlich für die Infrastruktur, das Wildmanagement, für die indigene Flora und die Vernichtung invasiver Fremdgewächse. Außerdem hält er Kontakt zum Umweltministerium. Dass alles so toll geklappt hat, da sei er unendlich dankbar, seiner Familie und seinen Mentoren – und am besten gebe er davon etwas zurück, wenn er seine Mitarbeiter ebenso fördert, wie ihn seine Chefs unterstützt haben.

- **Eddys Tipp:** Der schönste Aussichtspunkt im Schutzgebiet ist Dassiepoort mit Blick über die Ebenen – perfekt für den Sundowner.

zel- oder Doppelkabine mit einer absperrbaren Pritsche fürs Gepäck und einem oder zwei Dachzelten. Wer nicht zeltet und nicht abseits der Hauptpisten unterwegs ist, dem genügt ein VW Golf oder Vergleichbares. Nationale Unternehmen wie Caprivi Car Hire (www.caprivicarhire.de) oder ASCO Car Hire (www.ascocarhire.com) bieten auch Sonderkonditionen an. Einen Überblick über die günstigsten und besten Angebote finden Sie unter www.billiger-mietwagen.de. Alle Mietwagenfirmen nehmen online Buchungen entgegen. Wichtig ist, bereits im Heimatland die Vertragsbedingungen genauestens zu studieren und Unklarheiten vor Vertragsabschluss auszuräumen; z.B. wird Vollkasko – und Anwendung der Vollkasko – in Namibia anders vereinbart als in Deutschland.

Es herrscht Linksverkehr, das Tempolimit beträgt 60 km/h in den Städten, 120 km/h auf geteerten und 80 km/h auf ungeteerten Straßen. Man sollte immer äußerst konzentriert fahren: Mit querenden Viehherden oder Wild ist stets zu rechnen. Fahrten in der Abenddämmerung und bei Nacht sollte man wegen des häufigen Wildwechsels unbedingt vermeiden.

Das Straßennetz ist in weiten Teilen des Landes vorbildlich: Die asphaltierten Straßen sind gut unterhalten; Fahrspuren auf Schotterpisten werden regelmäßig eingeebnet. Dennoch gibt es erschreckend viele Unfälle bei Fahrern aus Übersee. Schuld ist meist die mangelnde Anpassung an die ungewohnten Verhältnisse. Fahrsicherheitstraining bieten viele Mietwagenfirmen. Vom ADAC unterstützte Kurse organisiert die Gästefarm Ababis (www.ababis-gaestefarm.de).

SPORT & AKTIVITÄTEN

Natürlich können Sie auch joggen oder im Pool schwimmen, aber Namibias großer Reiz liegt in Aktivitäten, die stets auch das Land näherbringen.

ANGELN
An der Atlantikküste gehen die Namibier ihrem Nationalsport, dem Angeln von der Küste aus, nach. Den Angelschein gibt es vor Ort, teilweise kann die Ausrüstung gemietet werden. Angelausflüge werden im Okavango-Delta angeboten › S. 135.

GOLF
Die drei internationalen Ansprüchen genügenden Golfklubs sind in Windhoek (18-Loch, 72 Par), bei Swakopmund (18-Loch, 72 Par) und bei Walvis Bay (9-Loch, 36 Par). Der Swakopmunder Rössmund-Golfkurs gehört zu den weltweit raren, vollständig begrünten Wüstenplätzen. Die Green Fees sind fair und Gäste gerne gesehen. Ein vierter, voll begrünter Platz soll in

AKTIVITÄTEN IM FREIEN

- **Ballonfahren** über Namib-Wüste und Atlantik ist ein besonderes Abenteuer mit African Adventure Balloons › S. 32.
- **Per Tandemsprung** über der Wüste schweben – das ist lohnender Nervenkitzel pur › S. 32.
- **Klettern** an der Spitzkoppe – die Herausforderung wird mit einem Wahnsinnsblick über die Namib belohnt › S. 33.
- **Sea Kayaking** mit Eco Marine › S. 33, 111 ist eine nachhaltige und reizvolle Art, sich Robben und Delfinen zu nähern.
- Mit dem **Kanu** auf dem Orange River nicht nur über Stromschnellen in Richtung Küste fahren › unten.

Hentjes Bay entstehen als Teil eines luxuriösen Golf Estates mit Villen und Apartments.

JAGEN

Die kontrollierte Jagd ist ein wichtiger Bestandteil der Wildhege, denn sie verhindert, dass bestimmte Wildarten überhandnehmen. Über 300 registrierte Jagdfarmen bieten Führung und Betreuung beim Jagdurlaub.

Über die Jagdbestimmungen informieren Namibia Tourism oder die Namibia Professional Hunting Association (NAPHA), P.O. Box 11291, Windhoek, Tel. 0 61/23 44 55, www.napha-namibia.com.

REITEN

Auf dem Pferderücken durch die Namib, am Fish River entlang oder durch die abgeschiedenen Landschaften des Nordens ist sicherlich nicht jedermanns Sache. Für erfahrene Reiter jedoch sind diese Touren ein einmaliges Erlebnis. Das Angebot reicht von wenigen Tagen bis zu mehreren Wochen. Tagsüber wird geritten, das abendliche Lager ist von dienstbaren Geistern aufgebaut und das Feuer lodert bereits, wenn die müden Reiter ankommen (www.namibiahorsesafari.com).

WANDERN UND TREKKING

Wanderer und Trekker finden in den National- und Wildparks gut markierte Wege, idyllische Rast- und Campstellen und eine strenge Besucherordnung vor. Viele Wanderwege wie der achttägige Trek durch den Fish River Canyon oder die mehrtägige Rundtour im Namib-Naukluft-Park sind nur im Südwinter begehbar. Viele Gästefarmen bieten Wandermöglichkeiten.

Mehrtägige Wanderungen in den Nationalparks müssen vorausgebucht werden (bei Namibia Wildlife Resorts Ltd. › S. 62, ein ärztliches Gesundheitsattest ist vorzulegen).

WASSERSPORT

Kanufahrer kommen am Orange River im Süden, Rafter am Kunene und Sambesi im Norden auf ihre Kosten. Rafting-Halbtagesausflüge sind z. B. bei www.kuneneriverlodge.com, Kanu-Halbtagesausflüge oder mehrtägige Touren z. B. bei www.felixunite.com buchbar.

UNTERKUNFT

Von der Pension zur luxuriösen Jagdlodge, vom perfekt ausgestatteten Campingplatz zum einfachen Campground gibt es so gut wie jede Art von Übernachtungsmöglichkeit.

In der Hauptreisezeit › S. 24 sind die Unterkünfte oft Monate im Voraus ausgebucht. Reservieren Sie darum rechtzeitig vor Reiseantritt.

Die Hotels und Pensionen in den Städten entsprechen internationalem Standard; sie sind mit ein bis drei Sternen für untere bis gehobene Mittelklasse klassifiziert, vier Sterne haben nur wenige Luxushotels. Der Standard reicht von komfortablen bis hin zu luxuriösen Anwesen mit Gourmetküche und Spa.

Auf dem Land sind die Lodges das Pendant zu den Hotels in der Stadt. Die meisten bieten hohen Komfort und besitzen sogar einen eigenen Wildpark (Game Park). Häufig schläft man nicht in festen Gebäuden, sondern in geräumigen Zelten mit hotelgerechter Möblierung und eigenem Badezimmer.

Freundliches Personal in einem Naturreservat

IM RAUSCH DES ADRENALINS

Sandboarding ist eine Riesenspaß – allein der Aufstieg ist beschwerlich

Wildbeobachtung ist nur eines von vielen möglichen **Outdoor-Abenteuern** in Namibia. Über die ganze Bandbreite an Aktivitäten, sei es Mountainbiken, Wildwasserfahren, Paragliden oder auch einfach nur Wandern, informieren die lokalen Reiseveranstalter, allen voran das Desert Explorers Adventure Center, wo man vom Quadbiken über Dünensurfen bis hin zum Klettern unterschiedlichste Aktivitäten buchen kann:

- Desert Explorers Adventure Center ▮ B3
  Erf 1058 Nathaniel Maxuili | Swakopmund
  Tel. 0 81/1 29 23 80 | www.facebook.com/desertexplorersnam

LUFTIGE ABENTEUER

Fallschirmspringen über der Namib-Wüste ist ein Erlebnis. Da die wenigsten Namibia-Urlauber eine Lizenz dafür haben werden, kann man sich einem erfahrenen »Skydiver« auf den Bauch schnallen lassen und im Tandem springen. In irrem Tempo rast die Wüste auf einen zu, dann öffnet sich der Schirm – der Rest ist einfach Schweben. Tandemsprünge können Sie buchen bei:

- Ground Rush Adventures ▮ B3
  Anton Lubowski Ave., Ecke Nordring
  Swakopmund | Tel. 0 64/40 28 41
  Fax 0 64/40 34 46
  skydiveswakop.com

Gar nicht so ruhig und besinnlich ist das **Ballonfahren** – zumindest bis man sich an das Gefauche des Brenners gewöhnt hat, mit dem die Luft im Ballon gewärmt wird. Das Schweben und Treiben über Gebirgen und Wüsten ist ein wunderbarer Lohn für das frühe Aufstehen, denn die besten thermischen Bedingungen und das beste Fotolicht gibt es nur am Morgen. Ballonfahrten bei Swakopmund über dem Moon Valley und an der Atlantikküste entlang organisiert Hot Air Ballooning (www.ballooning-namibia.com). > mehr S. 12

Punkt ❶

Über die Dünen von Sossusvlei mit anschließendem Champagnerfrühstück geht es ab den Lodges rund um Sossusvlei:

- **Namib Sky Ballon Safaris** 📱 C4
  Tel. 0 63/68 31 88 | Fax 68 31 89
  balloon-safaris.com

BIKEN UND BOARDEN

Ein Riesenvergnügen ist es, auf Quadbikes, Motorrädern mit vier breiten Reifen, dünauf, dünab durch die Wüste zu kurven. Allerdings sollte man sich an einen Führer halten und nicht auf eigene Faust querfeldein durch die Dünen der Namib rasen. Quadbikes gibt's entlang der Straße Swakopmund–Walvis Bay und in Swakopmund an einigen Tankstellen zu mieten. Mit dem Surfbrett kann man auf den Sandbergen an der Atlantikküste das Sandboarden üben. Bei Namibias Jugend ist das gerade total in.

Wer nicht auf eigene Faust boarden möchte, kann Exkursionen beim Desert Explorers Adventure Center (> links) in Swakopmund buchen.

MIT SEIL UND HAKEN

Wer gerne klettert, wird sicher die Wände der Spitzkoppe bewundern – aber ganz ohne Information ist es auch für erfahrene Kletterer schwierig, unbekannte Felsen zu bezwingen. Ian Walker hat für Abhilfe gesorgt und mit seinen Mitstreitern nach und nach Klettergebiete erschlossen. Eine Zusammenstellung von Regionen, in denen geklettert wird, findet sich auf spitzkoppe.eu. Über diese Website oder über das Namibiana Buchdepot (www.namibiana.de) ist auch ein umfangreicher Kletterführer erhältlich:

- **Walker's Rock & Rope Adventures** 📱 B3
  Swakopmund
  Tel./Fax 0 64/40 31 22
  www.walkerra.iway.na

BUCHTIPP:

Eckhardt Haber, Spitzkoppe and Pontoks, Namibia – A Climber's Paradise (Cape Town 2010, Blue Mountain Publication)

Wer sich lieber einem kompetenten Führer anschließt, ist bei Ian Walker an der richtigen Stelle. Er organisiert auch Abseiling-Trips.

AUF LEISEN SOHLEN ZU PELIKANEN UND ROBBEN

Die wohl stillste und nachhaltigste Form der Annäherung an den Lebensraum Atlantik ist die Fahrt mit dem Kajak. Jeanne Meintjes veranstaltet solche Touren von Walvis Bay aus, besucht mit ihren Gästen das Vogelschutzgebiet Pelican Point, bringt sie zu Robbenkolonien, und mit etwas Glück paddelt man sogar mit Delfinen um die Wette.

- **Eco Marine Kayak Tours** 📱 B3–B4
  Walvis Bay
  Tel. 0 64/20 31 44
  www.emkayak.iway.na

Eine ganz spezielle Form der Unterkunft sind die Gästefarmen. Ein Besuch dieser Betriebe entspricht in etwa den »Ferien auf dem Bauernhof« mit einfacherer Unterbringung, in den meisten Fällen mit eigener Dusche und WC. Da aber der Trend zu mehr Luxus geht, ist der Unterschied zur Lodge oft nicht mehr erkennbar. Gästen eröffnet diese namibische Variante der Bauernhofferien Einblicke in den Alltag der Farmer.

Die Bed and Breakfast-Angebote sind neben Zelten die günstigste Übernachtungsmöglichkeit; zahlreiche Betriebe, auch auf dem Land, bieten ihre Dienste an. Zeltplätze gibt es an jedem wichtigen Ort, und auch viele Gästefarmen sowie Lodges haben Campgrounds angelegt, teils mit fest aufgebauten Zelten. Sie bieten in der Regel allen Komfort mit Toilette, Dusche und privatem Grillplatz in einer unberührten Natur und mit Abstand zur benachbarten Stellfläche.

Sehr begehrt sind die Camps in den Nationalparks wie Namutoni im Etosha-Park oder Ai-Ais am Fish River Canyon. Sie bieten Unterkunft in Zimmern, Bungalows oder auf dem Zeltplatz. Camper müssen ihr eigenes Zelt mitbringen; Sanitäranlagen und Wasseranschluss sind vorhanden. Zu fast jedem Camp gehören ein Restaurant mit meist einfacher Küche und ein Laden, in dem Konserven, Brot, Getränke und Feuerholz verkauft werden. Nicht alle Rastlager sind in gutem Zustand, die Anlagen werden jedoch Zug um Zug ausgebaut.

SCHÖNE LODGES UND HOTELS

- Im **Canyon Park** erlebt man die Felswüste › S. 90.
- Von der recht neuen **Opuwo Country Lodge** blickt man weit in das Kaokoveld › S. 125.
- Die **Onguma Safari Camps** bieten Luxus pur an der Salzpfanne von Etosha › S. 127.
- Die Flusswelt des Nordens lässt sich bestens von der **Mahangu Safari Lodge** aus entdecken › S. 134.
- Auf Stelzen stehen die eleganten Bungalows der schön gelegenen **Kubu Lodge** über dem Chobe River › S. 137.

INFO

Namibia Wildlife Resorts Ltd. 📕 C3
Zentrales Reservierungsbüro für die Unterkünfte in den Naturschutzgebieten.
- Gathmann Building, Independence Ave. Windhoek | Tel. 0 61/285 72 00
www.nwr.com.na

Namibia Tourism
Verschickt Informationsmaterial und eine gute Gratis-Karte.
- Schillerstr. 42–44 | 60313 Frankfurt/M. Tel. 0 69/13 37 36-0
www.namibia-tourism.com

Eine Unterkunftsliste findet man unter www.natron.net, www.wheretostay.na

Gut zu wissen: Bei vielen Gästefarmen sind Halbpension und ein Game drive im Preis inklusive!

WILLKOMMEN IM BUSCH!

Morgennebel über dem Okavango

Es kann durchaus passieren, dass man bei der Ankunft auf einer Gästefarm von einem zahmen Warzenschwein begrüßt wird oder frühmorgens die Rinder ausgerechnet vor dem Fenster der Gäste muhen. Urlaub auf einer namibischen Farm bedeutet intensiven Kontakt zwischen Farmern, Tieren und Gästen. Ausstattung und Komfort reichen von einfachen Zimmern mit Gemeinschaftsdusche bis hin zu komfortablen Bungalows. Lodges dagegen sind unpersönlicher, dafür aber durchweg luxuriös und teils mit extravaganten Wellnesseinrichtungen ausgestattet. Am besten probiert man beides aus.

IN DEN TIRASBERGEN

Im Süden, am Rand der roten Dünenwelt und zwischen den Tirasbergen, haben sich mehrere Farmen zu einem Naturschutzverbund zusammengefunden (www.tirasberge.de) › S. 85. Bei Wanderungen in dem reizvollen Gebiet erfährt man viel über das fragile Gleichgewicht wüstenhafter Landschaften.

WELLNESS IN DER WILDNIS

Der Wellnesstrend hat Namibia erreicht. Mehrere Lodges verwöhnen mittlerweile mit Sauna, Aromatherapie, Massagen und Thalasso – und manchmal schauen neugierige Kudus oder freche Erdmännchen beim Chill-out in der Savanne zu.

Die **Lodge GocheGanas** C3 liegt 30 km südöstlich von Windhoek im Gocheganas-Naturreservat. Sie verfügt über ein eigenes Wellness Village (www.gocheganas.com).

Die **Epacha Game Lodge & Spa** C2 bei Etosha verwöhnt die Gäste mit Sauna, verschiedenen Massagen und Hydrotherapie (www.epachalodge.com).

Herero-Frauen schmücken sich mit bunten Röcken und der typischen Kopfbedeckung

LAND & LEUTE

STECKBRIEF

- **Landesgröße:**
  824 292 km²
- **Hauptstadt:**
  Windhoek
- **Erste Amtssprache:**
  Englisch
- **Bevölkerungszahl:** ca. 2,5 Mio., davon
  unter 20 Jahre: ca. 60 %
- **Bevölkerungsdichte:** 13 Einw./km² im
  Norden, unter 1 Einw./km² im Süden
- **HIV-Infektionsrate:** etwa 10 % (2018)
- **Lebenserwartung:** Männer ca. 64 Jahre,
  Frauen ca. 68 Jahre
- **Bevölkerungswachstum:** etwa 2,2 %
- **Analphabetenrate:** ca. 9 %
- **Arbeitslosenrate:** um 24 %
- **Inflationsrate:** um 6 %

- **BIP/Kopf:** um 5000 Euro
- **Währung:** Namibia Dollar (N$)
- **Zeitzone:** MEZ (während der europäischen Sommerzeit MEZ − 1 Std., im
  europäischen Winter MEZ + 1 Std.)
- **Landesvorwahl:** 00264

LAGE

Zwischen 17° und 19° südlicher Breite und 12° und 25° östlicher Länge gelegen, ist Namibia mehr als doppelt so groß wie Deutschland. Von Nord nach Süd sind es 1500 km, von Ost nach West über 500 km. Hinzu kommt der nur etwa 50 km schmale Caprivi-Strip, der sich an der nördlichen Landesgrenze fast 400 km weit nach Osten erstreckt.

Im Süden grenzt Namibia an Südafrika, im Osten an Botswana und im Norden an Angola. Der Caprivi-Strip berührt im Osten die Länder Sambia und Simbabwe. Im Westen ist Namibia vom Atlantik begrenzt, dessen durch den Benguela-Strom kalte Gewässer Robben und Pinguinen ideale Lebensbedingungen bieten.

POLITIK UND VERWALTUNG

Die Republik Namibia ist seit der Unabhängigkeit eine parlamentarische Demokratie mit Mehrparteiensystem und relativ weitreichenden Vollmachten für den Staatspräsidenten. Die Regierung besteht aus zwei Kammern, dem Nationalrat (National Council), einem rein beratenden Organ mit 26 Mitgliedern, von denen je zwei von den 13 Regionen des Landes auf sechs Jahre gewählt werden, und der 72-köpfigen Nationalversammlung (National Assembly), die alle fünf Jahre in allgemeinen Wahlen bestimmt wird. Der Nationalversammlung gehören außerdem sechs Mitglieder ohne Stimmrecht an, die der Präsident direkt ernennt. Bei der Wahl für die Nationalversammlung wird auch der Präsident auf fünf Jahre gewählt. Er beruft das Kabinett. Namibia ist Mitglied des Commonwealth.

Die SWAPO ist traditionell die Interessensvertretung der Ovambo und gewann entsprechend dem Anteil des Volkes an der Gesamtbevölkerung bei den Wahlen bislang stets die Zweidrittelmehrheit. Von den beiden größenmäßig nachfolgenden Parteien (Kongressdemokraten und DTA) gelang es bei der letzten Wahl 2014 keiner über die Hürde von 10 % der Stimmenanteile zu springen. Die übrigen Parteien spielen eine vernachlässigbare Rolle. Der erste Regierungschef des Landes – Sam Nujoma – vertrat eine moderate Politik der Versöhnung, der *reconciliation*. Da Nujoma ab 2005 entgegen den Erwartungen nicht für eine weitere Amtszeit kandidierte, übernahm der von ihm vorgeschlagene Hifikepunye Pohamba den Posten des Regierungschefs. Dieser war im Wahlkampf mit radikalen Parolen zum Thema Enteignung in Erscheinung getreten, setzte dann aber doch die moderate Linie seines Vorgängers fort. Die heutige Regierung Namibias unter Hage Geingob vertritt weitgehend eine Realpolitik, die sich auf den wirtschaftlichen Aufbau des Landes konzentriert. Das Land gilt als funktionierende Demokratie mit bürgerlichen Rechten für die Bevölkerung.

WIRTSCHAFT

Bergbau ist der wichtigste Devisenbringer des Landes. Neben Erzen werden Diamanten und Uran abgebaut. Landwirtschaft ist der wichtigste Arbeitgeber. 50 % der arbeitenden Bevölkerung sind in der Agrarproduktion tätig, erbringen aber nur etwa 10 % der Wirtschaftsleistung. Etwa zwei Drittel der landwirtschaftlich nutzbaren Fläche gehören (meist weißen) Großfarmern; erst nach und nach findet eine Umverteilung zu Gunsten der schwarzen Bevölkerungsmehrheit statt.

Arbeitslosigkeit (offiziell 24 %, Jugendarbeitslosigkeit 44 %) ist ein Hauptproblem. Abgeschwächt wird sie durch die traditionelle Subsistenzwirtschaft und die Dienstleistungsindustrie mit dem Tourismus als wichtigstem Wachstumssektor. Aushilfsjobs in beiden Bereichen bieten ein (geringes) Auskommen.

Starken Einfluss auf den Arbeitsmarkt und die Entwicklung der Ökonomie hat AIDS, da von ihr besonders die wirtschaftlich aktive, gut ausgebildete Bevölkerungsgruppe betroffen ist. Das Wirtschaftswachstum bleibt daher ca. 1 % hinter den Erwartungen zurück.

Wandmalereien zur Geschichte Namibias in Swakopmund

GESCHICHTE IM ÜBERBLICK

Ca. 15 Mio. Jahre v. Chr. Funde menschlicher Kieferknochen in den Otavibergen lassen Rückschlüsse auf die ersten Hominiden zu.

Ca. 25 000 v. Chr. Felsmalereien der südwestafrikanischen Urbevölkerung in der sog. Apollo-11-Höhle.

15. Jh. n. Chr. Einwanderung Vieh züchtender Nama aus dem Kapland und von Herero aus Nordosten.

1486 n. Chr. Landung des Portugiesen Diego Cão am Kreuzkap. Zwei Jahre später erreicht sein Landsmann Bartolomeo Diaz Angra Pequeña, das heutige Lüderitz.

18. Jh. Jäger, Reisende und Kaufleute aus der britischen Kapkolonie

Bunte Häuser in Lüderitz

überschreiten den Orange River und dringen weiter nach Norden vor.

1806 Gründung der ersten Missionsstation in Warmbad.

Um 1840 Der Orlaam-Clan der »Afrikaner« siedelt im Gebiet des heutigen Windhoek.

1876 Die Kapkolonie erklärt das Gebiet der Nama und Herero zum Protektorat, zwei Jahre später annektiert Großbritannien Walvis Bay.

12. 5. 1883 Heinrich Vogelsang nimmt im Namen des deutschen Kaufmanns Lüderitz Besitz von Angra Pequeña.

1884 Bismarck erklärt Lüderitz zum deutschen Protektorat. In den Folgejahren wird das Gebiet durch Landkäufe und Scheinverträge mit den Nama und Herero auf den Umfang des heutigen Namibia vergrößert.

1890 Helgoland-Sansibar-Vertrag mit Großbritannien. Im Austausch gegen Wituland u. a. erhält das Deutsche Reich Helgoland und den »Caprivi-Zipfel«.

1904–1907 Die deutsche Schutztruppe schlägt Aufstände der Nama und Herero blutig nieder.

1915 Südafrikanische Truppen marschieren gegen Deutsch-Südwestafrika, die Schutztruppe muss kapitulieren.

1919 Im Versailler Vertrag fällt Südwestafrika als Mandatsgebiet an Südafrika.

1951 Die Apartheidgesetze treten auch in Südwestafrika in Kraft.

1966 Die Einrichtung von Home-lands für die Ethnien des Landes festigt das Apartheidsystem. Die UNO entzieht Südafrika das Na-mibia-Mandat, zugleich beginnt die SWAPO (South West Africa People's Organization) den be-waffneten Kampf.

1973 Die Vereinten Nationen er-kennen die SWAPO als Vertreterin des namibischen Volkes an.

1989 Demokratische Wahlen unter UN-Aufsicht.

1990 Am 21. März wird unter Präsident Sam Nujoma die Unab-hängigkeit proklamiert.

1999 Bei den dritten freien Wah-len gewinnt die SWAPO ein weite-res Mal, und Sam Nujoma wird als Präsident bestätigt.

2002 Namibia beendet sein Enga-gement im Kongo, der Caprivi ist wieder für den Tourismus offen.

2004 Der Herero-Aufstand jährt sich zum hundertsten Mal.

2005 Hifikepunye Pohamba wird neuer Staatspräsident.

2007 100-jähriges Bestehen des Etosha-Nationalparks.

2009 Bei den Parlamentswahlen gewinnt die SWAPO 75 % der Stimmen, Präsident Pohamba wird im Amt bestätigt.

2010 Namibia feiert den 20. Jah-restag seiner Souveränität.

2011 In den letzten Jahren übergab die Regierung über 125 Farmen an schwarze Namibier.

2012/13 Im Land herrscht eine der schlimmsten Dürren seit Be-ginn der Wetteraufzeichnungen.

2014 Erste elektronische Wahlen, Hage Geingob (SWAPO) wird Staatspräsident. Der erste, der nicht dem Volk der Ovambo angehört.

2018 In der Kolonialzeit nach Deutschland gebrachte Schädel von Herero und Nama wurden nach Namibia zurückgeführt und dort beerdigt.

NATUR & UMWELT

Vor 160 Mio. Jahren zerbrach Gondwana in mehrere Schollen: Südamerika und Afrika, Australien, Vorderindien und Teile der Antarktis entstanden. Magma drang aus dem Erdinneren und schuf die Granite, die am Brand-berg und am Erongo sichtbar sind.

Vor rund 1 Mio. Jahren begann die Erosion, Berge aus der Landschaft zu modellieren, wusch Flusstäler wie das des Kuiseb und des Fish River aus und spülte die abgetragenen Sedimente weg; nach und nach türmten sich Sanddünen wie eine Barriere zum Meer auf. Zugleich vertieften tektonische Erhebungen die Riviere.

BUCHTIPP: Nicole Grünert erläutert in **Namibias faszinierende Geologie** Gesteins-formationen und ihre Entstehungsgeschichte; K. Hess Verlag.

FLORA

Trotz der teilweise extremen klimatischen Bedingungen wächst eine überraschende Vielfalt an Pflanzen auf namibischem Boden. Genügsame Wüsten- und Steppenpflanzen wie Köcherbäume, Akazien und diverse Sukkulenten können dank ihrer Fähigkeit, Wasser über längere Zeiträume zu speichern, überleben.

Die berühmte, 1860 erstmals beschriebene *Welwitschia mirabilis* sieht aus wie ein Haufen abgestorbener und zusammengefgter Blätter und zählt zu den ältesten Pflanzengattungen der Erde. Sie besteht aus zwei mehrfach gespaltenen Hauptblättern, an denen sich der Küstennebel absetzt und auf den Sand tropft, wo das weit verzweigte Wurzelwerk dicht unter der Oberfläche das Nass aufsaugen kann. › mehr S. 16 Punkt Die ebenfalls endemische Nara, eine Kürbisart, steckt ihre Wurzeln tief in den Wüstenboden, um die durchfeuchteten Erdschichten unter den trockenen Rivieren zu erreichen. Ihre Früchte dienen als Wasserspeicher und Fettlieferant für Tiere und Menschen. Ganze Wälder der den Aloen zugerechneten Köcherbäume stehen in der Nähe von Keetmanshoop im südlichen Namibia und speichern die Feuchtigkeit in ihrem schwammartigen Gewebe.

👍
GRATIS ENTDECKEN

- Das **Independence Memorial Museum** in Windhoek erzählt die Geschichte des Befreiungskampfes und kostet keinen Eintritt › S. 64.
- Zeitgenössische Kunst aus dem südlichen Afrika präsentiert die **National Art Gallery** in Windhoek › S. 64 – www.nagn.org.na, Eintritt frei!
- **Bushman Art** in Windhoek ist viel mehr als »nur« ein Geschäft; hier gibt's kostbare antike Waffen, Schmuck und Masken (gratis) zu bestaunen › S. 68.
- Die Geschichte des südlichen Namibia wird im **Keetmanshooper Museum** lebendig und ist kostenlos zu besichtigen › S. 90.

FAUNA

Nachdem viele Wildtiere wie Nashörner, Elefanten und Raubkatzen durch unkontrollierte Jagd fast ausgerottet worden waren, haben sich ihre Bestände in den Nationalparks – besonders die der Elefanten – inzwischen so gut erholt, dass Abschussquoten zum Schutz der Natur erwogen werden.

Während die Elefanten durch den Zusammenbruch des Elfenbeinmarkts relativ gut geschützt sind, leben Breitmaul- und Spitzmaulnashörner immer noch unter akuter Bedrohung durch Wilderer. Das Horn der mächtigen Tiere wird in Asien als potenzstärkendes Mittel geschätzt und teuer gehandelt. Um die Nashörner vor Wilderern zu schützen, wurden viele Tiere eingefangen und ihre Hörner kurzerhand abgesägt. Heute leben im Etosha-Nationalpark wieder mehrere Hun-

Die eindrucksvollen Oryxantilopen können knapp 2 m groß und fast 200 kg schwer werden

dert Spitzmaulnashörner (auch Schwarze Nashörner genannt). Das Weiße Nashorn (Breitmaulnashorn), erkennbar am mächtigen Buckel und dem breiteren Maul, galt zu Beginn der 1960er-Jahre als ausgerottet. Inzwischen wurden einige dieser Kolosse wieder in Etosha ausgewildert.

Kudu, Oryx und Elen sind die wichtigsten Vertreter der Antilopen. Im Gegensatz zu den meisten anderen Tieren lebt die Antilope nicht nur in Nationalparks und auf Wildfarmen, sondern auch in freier Natur. Kudus erkennt man an ihrem blassbraunen Fell, mit mehreren weißen Streifen am Rücken. Die Oryxantilope (Gemsbok), Namibias Wappentier, besitzt ein gräulich-rotes Fell mit schwarz-weißen Markierungen und über einen Meter lange, pfeilgerade Hörner. Bemerkenswert ist ihre hervorragende Anpassung an die aride Umwelt: Sie gleicht ihre Körpertemperatur den Außentemperaturen an und verhindert so Flüssigkeitsverlust.

Die Elenantilope, die größte Art, ist sehr scheu. Charakteristisch sind die gewundenen Hörner und die tief herunterhängende Wamme. Ihren besonderen Schutzraum haben die Elenantilopen neben Rappenantilopen im Waterberg-Plateau-Park erhalten. Die zierlichen Springböcke mit dem rötlichbraunen Rückenfell und heller Bauchzeichnung begegnen Reisenden fast überall.

Typisch für Namibia ist das Hartmann-Bergzebra mit hervorragenden Klettereigenschaften. Krokodile und Flusspferde bevölkern die Gewässer im grünen Nordosten, wo sie ein ideales Feuchtbiotop vorfinden. Hyänen und Schakale wagen sich zur Futtersuche an den Rand menschlicher Siedlungen und machen auch den Farmern zu schaffen. Einige Hyänenrudel und die für das Land typischen Schabrackenschakale leben an der unwirtlichen Atlantikküste. Majestätisch kreisen Adler und Geier über Wüsten und Gebirge. Rund 600 Vogelarten kann man beobachten, darunter die munteren Webervögel, die die Bäume mit ihren riesigen Nistplätzen überziehen, und natürlich der Vogel Strauß.

Der kalte Benguela-Strom an der Atlantikküste ist idealer Lebensraum für Robben und Pinguine. In der Robbenkolonie am Kreuzkap nördlich von Swakopmund bevölkern bis zu 100 000 Robben die Felsen. Pinguine brüten auf mehreren Inseln bei Lüderitzbucht. Täglich überfliegen Hunderte von Kormoranen auf ihrem Weg zu den Fischgründen das Kreuzkap.

NATURSCHUTZ

Den Raubbau an der Natur versuchte man schon früh zu verhindern: Bereits Anfang des 20. Jhs. wurde der Etosha-Nationalpark eingerichtet. Heute stehen knapp 20 % des Landes unter Naturschutz, und über die Einrichtung weiterer Reservate wird diskutiert. Das Naturschutzregime des Landes gilt als vorbildlich, sichert man damit doch auch den stetig wachsenden Tourismus.

Das größte ökologische Problem ist der notorische Mangel an Wasser. Da ganzjährig Wasser führende Flüsse fehlen und Regen nur in den nordöstlichen Landesteilen ausgiebig fällt, muss man auf die ohnehin spärlichen Grundwasserreserven zurückgreifen. Bevorzugt in den Rivieren, den meist trockenen Flussläufen, wird nach dem wertvollen Nass gebohrt, wodurch der Grundwasserspiegel sinkt. Bleibt dann noch der Regen aus, reichen die Reserven nicht mehr. Dann ist die Existenz von Farmen bedroht, und in den Städten wird der Verbrauch reglementiert.

DIE MENSCHEN

Die Chronologie der Einwanderungswellen beginnt bei den Nama, die ab dem 15. Jh. aus dem Kapland immer weiter nach Norden zogen, wo San und Damara ein Leben als Jäger und Sammler führten.

Zeitgleich oder etwas später begann die Einwanderung ebenfalls Vieh züchtender Herero und sesshafter Ovambo-Ackerbauern aus dem Nordosten Afrikas. San und Damara wurden von diesen beiden Wellen an den Rand ihres angestammten Gebietes, in die Weiten der Kalahari und in das Damara-Bergland, abgedrängt. Im 19. Jh. folgte die Einwanderung der Orlaam-Nama und der weißen Missionare und Farmer nördlich des Orange River.

💬 NATÜRLICH REISEN

Die Spitzkoppe überragt ihre Umgebung um rund 700 m

ÖKOTOURISMUS

Seit einigen Jahren versucht Namibia, durch lokale touristische Projekte Arbeitsplätze für die ländliche Bevölkerung zu schaffen. Dabei geht es z. B. um die Ausbildung von Fremdenführern, Hilfe beim Aufbau und der Organisation von Kunsthandwerkstätten, Touristen-Camps oder kleinen Restaurants.

Ein wesentlicher Beteiligter war die Fa. Nacobta, die sich inzwischen aufgelöst hat. Viele der initiierten Projekte sind jedoch flügge geworden und bestehen weiter.

Die deutsch-namibische Organisation The Living Culture Foundation Namibia (www.lcfn.info) hat sich auf die Gründung und Unterstützung von Dorfmuseen spezialisiert. Mehrere Projekte wurden bereits verwirklicht – mit San, Damara und Caprivianern.

BEI DEN DAMARA

Zwischen Usakos und Swakopmund unterhalten Damara das Spitzkoppe Restcamp, in dem man zelten oder in preiswerten, einfachen Hütten nächtigen kann. Dort wird auch selbst gefertigter Schmuck verkauft. Zudem gibt es eine Luxusunterkunft – die Spitzkoppen Lodge. Wer an der Spitzkoppe wandern oder Felsbilder sehen möchte, kann im Camp einen Führer engagieren (Tel. 0 64/46 41 44, www.spitzkoppe.com). › mehr S. 15 Punkt ㉒

Ein ähnlicher Zeltplatz liegt am Ufer des Aba-Huab nahe bei Twyfelfontein, ebenfalls geführt von Damara. Mit etwas Glück kann man vom Restcamp aus sogar Elefanten beobachten. Nach Voranmeldung werden Tanzvorführungen organisiert und einheimische Gerichte angeboten (Tel. 0 67/69 79 81/2).

MIT HIMBA UNTERWEGS

In abgelegenen Regionen im Norden wie dem Kaokoveld bieten die Camps die einzige Möglichkeit, preiswert unterzukommen. Das kommunale Camp Okarohombo am Kunene z. B. ist sehr hübsch in die Landschaft integriert und sauber. In der Nähe von Purros liegt die Purros Campsite, eine schattige und gut gepflegte Anlage, die von Himba betreut wird. Sie stellen auch Führer für Game drives im Hoarusib Rivier und naturkundliche Wanderungen zur Verfügung.

Mitten im Land der San zwischen Grootfontein und Tsumkwe lädt das Omatako Valley Restcamp zur Übernachtung in fest aufgebauten Zelten und zu allerlei Aktivitäten mit den Jägern der Wüste ein. Man fährt einfach hin und organisiert die Arrangements vor Ort (www.omatakovalley.com).

ALLTAG IN KATUTURA

Die Townships von Windhoek sollte man nicht allein besuchen. Organisierte Touren in Begleitung eines in Katutura lebenden Führers sind zu empfehlen, vergegenwärtigen sie doch die Lebensbedingungen der hier ansässigen schwarzen Bevölkerungsmehrheit › S. 69.

- **Face to Face Tours**
  Tel. 0 61/26 54 46
  www.face2facenamibia.com

Das Begegnungszentrum **Penduka** › S. 69 in Katutura kümmert sich insbesondere um arbeitslose Frauen und Mädchen und bietet ihnen mit Flecht-, Stickerei- und Näharbeiten eine Verdienstmöglichkeit. Die Waren sind bei Namibiern wie Touristen sehr beliebt, auch das Restaurant der Einrichtung mit afrikanischen Gerichten ist einen Besuch wert. Bestellung des Shuttlebus-Service: Tel. 0 61/25 72 10, www.penduka.com.

LEBEN MIT DEN SAN

Nicht immer sind kommunale Einrichtungen in Zusammenarbeit mit staatlichen Stellen entstanden. Bei Tsumkwe im Nordosten unterhält eine San-Gemeinschaft mit Unterstützung der amerikanischen Nyae Nyae Foundation Zeltplätze mit einfachen Hütten (Namapan und Makuri).

In der Region existieren auch zwei Living-Museen, die die Traditionen der Volksgruppen authentisch vermitteln und dafür sorgen, dass diese nicht in Vergessenheit geraten: das Hunter's Museum (nördlich von Tsumkwe) und das der Ju/-Hoansi-San (170 km westlich von Tsumkwe), beide mit einfachen Campsites (www.lcfn.info).

MIT DER NATUR LEBEN

Mehrere Projekte bilden im Naturschutz aus und trainieren z. B. Lion Ranger (Löwen-Wildwarte), die als Mittler zwischen den Bauern und der Tierwelt arbeiten. Die Ranger werden gerufen, wenn ein Löwe Vieh gerissen hat und suchen dann eine für beide Seiten verträgliche Lösung.

- **Integrated Rural Development and Nature Conservation**
  www.irdnc.org.na

Ein Buschmann prüft Tierspuren

NOMADISIERENDE SAN

Die San oder Buschleute, die ältesten den Europäern bekannten Bewohner
Südwestafrikas, stellen heute etwa 3 % der namibischen Bevölkerung. Ihre
mit schnalzenden Lauten durchsetzte Sprache und der kleine, feingliedrige
Körperbau verleihen ihnen einen
sanften Nimbus. Heute führen nur
noch wenige San-Gruppen ein Leben als Jäger und Sammler. Die
meisten haben ihre traditionelle Lebensweise aufgegeben und arbeiten
auf den Farmen oder bei der Naturschutzbehörde, wo ihre Fähigkeiten
als Fährtenleser geschätzt werden.

NAMA UND DAMARA

Die mit den San verwandten Nama
machen 5 % der Bevölkerung aus.
Sie haben als Viehzüchter eine andere Wirtschaftsform gewählt, ob-
gleich die Jagd auch bei ihnen noch
einen hohen Stellenwert hat. Sie
besitzen eine hierarchische Stam-
mesorganisation unter Führung eines Königs, häufig auch als Kapitän

 RELIGION

Auch wenn Nama und Herero
bei der Missionierung den
christlichen Glauben willig an-
nahmen, konnten sich dennoch
einige prächristliche Vorstel-
lungen erhalten. In den traditionellen Religionen lebt man zum
einen in Furcht vor Geistern der
Natur und insbesondere der
Toten, zum anderen herrscht –
wie z. B. bei den Herero – ein
ausgeprägter Ahnenkult, der
sich noch heute an Festtagen,
wie dem Zeraoua in Omaruru
und dem Ahnengedenktag in
Okahandja, manifestiert.

bezeichnet. Man unterscheidet zwei Hauptgruppen: Klein-Nama, ursprünglich am Kap beheimatet, und Groß-Nama oder »Rote Nation«, die seit dem 15. Jh. nördlich des Orange River in Südwestafrika leben. Im 19. Jh. zogen die Klein-Nama oder Orlaam allmählich nach Norden und ließen sich in der Gegend des heutigen Windhoek nieder. Dieser Gruppe entstammen die Häuptlingsfamilien der »Afrikaner« und »Witbooi«, die in der Kolonialgeschichte Namibias eine zentrale Rolle spielten.

Obwohl sie äußerlich überhaupt keine Ähnlichkeit mit San und Nama haben, werden auch die hochgewachsenen und häufig tiefschwarzen Damara, 7,5 % der Bevölkerung, sprachlich zur selben Familie gerechnet. Ihre Herkunft und ihr ursprüngliches Idiom liegen im Dunkeln, doch viele Ethnologen halten sie zusammen mit den San für die Ureinwohner Südwestafrikas.

HERERO

Als die ersten weißen Abenteurer und Missionare in das Landesinnere Südwestafrikas vordrangen, weideten die Herero (7,5 % der Bevölkerung) bereits ihre Langhornrinder im zentralnamibischen Hochland. Die mit Lehm verputzten Rundhütten aus geflochtenen Zweigen bilden einen Kraal um die Gehege der Kälber. Im Zentrum der Siedlung symbolisieren das Heilige Feuer und ein Ast des Omumborombonga-Baumes Einheit und Wohlergehen der Gemeinschaft. Die traditionelle Wohnform halten nur noch Herero-Gemeinschaften im Kaokoveld aufrecht. Frauen wie Männer trugen früher reichen Eisenschmuck und Gewänder aus Leder und Fellen.

Inzwischen hat eine eigenwillige Variation viktorianischer Frauentracht die traditionelle Herero-Kleidung abgelöst: Die Frauen schmücken sich mit mehreren Lagen grellbunter Röcke und einem dazu passenden dreieckigen Kopfputz.

💬 SPRACHE

1990 wurde Englisch zur Amtssprache bestimmt. Für die junge Regierung symbolisierte diese Entscheidung den radikalen Bruch mit der kolonialen Vergangenheit. Weder das Deutsch der ersten Kolonisatoren noch das Afrikaans der südafrikanischen Besatzer sollten beim Start in die Unabhängigkeit an vergangene schlechte Zeiten erinnern. Inzwischen hat sich die englische Sprache in weiten Kreisen der Bevölkerung durchgesetzt. Die großen Zeitungen des Landes erscheinen auf Englisch, bringen aber auch Zusammenfassungen der wichtigsten Meldungen bzw. der Regionalseiten in Afrikaans, Oshivambo und Otjiherero. In den Regionen, die einen starken deutschsprachigen Bevölkerungsanteil aufweisen, wie z. B. in Lüderitz, gelten die deutsche und die englische Sprache gleichberechtigt nebeneinander.

OVAMBO

Die stärkste ethnische Gruppe Namibias sind mit etwa 50 % die bantusprachigen Ovambo. Sie siedeln im Überschwemmungsgebiet des Kuwelai nördlich der Etosha-Pfanne und führen ein durchweg sesshaftes Leben unter der Leitung mächtiger Häuptlinge. Ovambo sind Ackerbauern; die Domäne der Männer ist die Viehzucht. In noch traditionell lebenden Gemeinschaften bilden die Rundhütten einer Ovambo-Familie einen umzäunten Kraal, der inmitten der von den Frauen bestellten Felder liegt.

Himba-Frauen schützen ihren Körper und ihre Haare mit einer Paste aus Fett und Ocker gegen die Sonne

HIMBA-NOMADEN IM NORDEN

Traditionelle Lebensformen, die bei den Herero in Vergessenheit gerieten, bestimmen bei den Himba im Kaokoveld Nordwestnamibias und dem daran angrenzenden Südangola noch den Alltag. Lederschurz, Eisen- und Kupferschmuck und mit rotbrauner Paste eingeriebene Körper sind typische Merkmale. Die Himba führen das Leben nomadisierender Viehzüchter. Im Norden ist ihr Siedlungsgebiet vom Kunene begrenzt.

KAVANGO UND BASTER

Ein typisches Merkmal der Kavango, der westlichen Nachbarn der Ovambo, sind die berühmten Ochsenschlitten, die noch heute in der sumpfigen Auenlandschaft des Nordostens ihre Dienste tun. Auch die Kavango leben von der Viehzucht, von Ackerbau und Fischfang.

Rund um das Städtchen Rehoboth südlich von Windhoek haben sich die Baster niedergelassen. Die heute etwa 32 000 Mitglieder sind Nachkommen aus Verbindungen burischer Siedler mit Nama-Frauen. Die Baster fühlen sich als eigenständige ethnische Gruppe mit christlicher Tradition. Geschickt verstanden sie es, unter wechselnder Oberherrschaft ihren Autonomiestatus zu verteidigen.

WEISSE NAMIBIER

Etwas mehr als 6 % der Bevölkerung sind mitteleuropäischer Abstammung. Die ersten Weißen in Südwestafrika waren treckende niederländische Viehzüchter und Jäger, Buren aus der Kapprovinz. Mit der kolonialen Expansion wanderten viele Deutsche ein. Ab 1915 folgten Siedler aus Südafrika. Die letzte weiße Einwanderungswelle brachte Portugiesen auf der Flucht vor dem Bürgerkrieg in Angola. Von den ca. 120 000 Weißen ist heute noch etwa ein Fünftel deutschstämmig, darunter sehr viele Farmer. Nach Afrikaans und Englisch wird Deutsch besonders von den Namibiern im Süden, an der Atlantikküste und im Kupferdreieck gesprochen.

KUNST & KULTUR

Gravierungen und Felsmalereien finden sich vielerorts in Namibia, die bedeutendsten Fundstellen sind am Brandberg, an der Spitzkoppe, rund um Twyfelfontein und im Erongomassiv zu besichtigen.

Wissenschaftler meinen, dass sie von Vorfahren der San ausgeführt wurden. Der südafrikanische Felsbildforscher David Lewis-Williams interpretiert die Bilder vor dem Hintergrund der Trancetänze der Buschleute, mit denen die Medizinmänner Heilungen körperlich oder psychisch Kranker vornehmen, und bei denen Geister in Tiergestalt eine wichtige Rolle spielen.

MODERNE KUNST

Die Folgen der Apartheid sind noch heute im modernen Kunstschaffen zu spüren: Vor allem weiße Künstler wie Dörte und Volker Berner haben größeren Erfolg. Dörte Berner ist Bildhauerin, ihr Mann hat sich einen Namen mit Wandteppichen gemacht und leitete bis 2008 eine Karakulweberei, in der auch Ovambo-Künstler ihr persönliches Stilempfinden in farbenfrohe Bilder und Muster umsetzten. Bekanntester schwarzer Künstler ist der 1987 verstorbene John Muafangejo, der durch expressionistische Linolschnitte weltweit Beachtung und Anerkennung errang. Als Illustrator hat sich der in Lüderitz geborene John Madisia einen Namen gemacht. Tembo Masala ist ein prominenter Vertreter der farbenfrohen »Township Art«.

🏳 NAMIBISCHE AUTOREN

Literatur farbiger Autoren wird in Englisch publiziert. Bekannt wurde z. B. Neshani Andreas, ihr Roman über ein Frauenschicksal heißt »The Purple Violet of Oshaantu« (Heinemann, Portsmouth 2001). Über die Erfahrungen der Kinder von SWAPO-Funktionären, die während des Bürgerkriegs in der DDR lebten und 1989 zurückgeschickt wurden – berichtet Lucia Engombe in »Kind Nr. 95« (Ullstein 2006). Elizabeth Ikhaxas sammelte Erzählungen von Frauen »Between yesterday and tomorrow« (Women's Leadership Centre, Windhoek 2005).

VOM PONTOK ZUM PALAST

Die nomadische Lebensweise bestimmte die Bauweise: Herero und Himba errichteten nur wenig beständige Siedlungen aus Lehmhütten. Diese Pontoks sieht man gelegentlich noch in den Himba-Dörfern des Kaokovelds. Die ersten Missionare erkannten rasch die Zweckmäßigkeit der traditionellen Bauweise: Die Fertighäuser der Europäer aus Holz fielen allzu bald Termiten zum Opfer. So baute man das Fundament aus Bruchsteinen, die Wände aus luftgetrockneten Lehmziegeln. Eine tiefe Veranda schützte die Räume vor der direkten Sonneneinstrahlung. Ein schönes Beispiel für den »Verandastil« der deutschen Kolonialherren ist der Tintenpalast in Windhoek.

KUNSTHANDWERK

Zeugnisse des kunsthandwerklichen Schaffens der zentral- und südnamibischen Völker, der Nama, Herero, Damara und San, sind selten. Hergestellt wurden Kleidung aus Leder und Fellen sowie filigran gearbeitete Köcher und Pfeile. Aus der Schale des Straußeneis schneiden die Buschleute kleine, kreisrunde Plättchen und reihen sie auf Fäden zu Ketten auf. Holzarbeiten kommen von den Ovambo und Kavango aus Nordnamibia. Ihre Gebrauchsgegenstände wie Hocker und Schalen haben jedoch wenig mit den Schnitzereien gemein, die auf den Straßenmärkten in Windhoek, Swakopmund und Okahandja verkauft werden.

Verschiedene Initiativen bemühen sich, die kunsthandwerklichen Traditionen der einzelnen Volksgruppen zu bewahren und diese in die Herstellung gut verkäuflicher Gebrauchsgegenstände einzubinden. So entstehen die Stickereien der Nama-Frauen auf Quilts, Kissenbezügen oder Tischdecken.

Als kreativ in der Verbindung westlicher und afrikanischer Motive und Schnitte zeigen sich auch einige junge Modemacher aus Katutura. Eine gute Auswahl von Mode und Kunsthandwerk ist im Windhoeker Namibia Craft Center › S. 66 zu sehen.

MARKANTE KOLONIALBAUTEN

- **Christuskirche, Alte Feste** und **Tintenpalast** in **Windhoek** stehen hoch über der Stadt und erinnern an die Zeit der deutschen Landnahme › S. 63/64.
- **Schloss Duwisib** – der steingewordene Traum eines deutschen Adligen und seiner US-amerikanischen Gattin › S. 83.
- **Felsenkirche** und **Goerke-Haus** dominieren das Küstenstädtchen **Lüderitz**, wo der Diamantenrausch seinen Anfang nahm › S. 86.
- Das **Architekturensemble Swakopmund** lässt die Kaiserzeit wieder auferstehen › S. 104.
- **Fort Namutoni** in **Etosha** war einst heiß umkämpft und dient heute als Restcamp-Zentrum › S. 127.

FESTE & VERANSTALTUNGEN

April/Mai: Zwei Wochen ist beim **Windhoeker Karneval** die ganze Stadt närrisch. Fasching ist deutsch und deutsch wird gefeiert: Überall gibt es Partys und Feste, und schließlich mündet der Karneval in das große Finale, den Umzug mit anschließendem Umtrunk und allem, was dazugehört – auch Büttenreden. Geschmückte Traktoren und Lkws ziehen die Wagen durch die Independence Avenue und ein Spalier fröhlicher Zuschauer.

August: Am ersten Sonntag nach dem 23. findet in **Okahandja** das Fest der roten Farbe **Otjiserandu** statt. Es ist das Ahnengedenkfest der Maharero-Herero. Rot ist die Farbe dieser Herero-Linie, Grün den Mbanderu-Herero und Schwarz-Weiß den Zeraoua-Herero vorbehalten. Die Männer paradieren in farbenprächtigen Fantasieuniformen, die Frauen beleben das Stadtbild mit bunter viktorianischer Tracht und dreizipfligen Stoffhauben. Gedacht wird der Ahnen bei einer Gedenkfeier an den Gräbern ihrer Führer.

Oktober: Anfang Oktober läutet das **Windhoeker Oktoberfest** das Ende des Winters ein. Bei Fassbier und Leberkäse spielt die Blaskapelle auf. Das Oktoberfest ist eine rein deutsche Feier mit Bierkönigin und starken Männern, die sich beim Baumstammsägen messen. Am Wochenende vor dem 10. Oktober feiern die Zeraoua-Herero ihr **Ahnengedenkfest** in **Omaruru**. Dem Anführer Wilhelm Zeraoua wird bei einem Gottesdienst gedacht, den Touristen nicht besuchen dürfen.

November: An einem Samstag im November findet das **Windhoek Jazz Festival** statt. Vornehmlich Musiker aus Namibia sind schon früh im Jahr angehalten, sich zu bewerben, aber es kommen auch Teilnehmer aus anderen Staaten wie beispielsweise Südafrika oder Kongo (www.windhoekjazzfestival.com.na/).

Herero feiern in der Nähe von Okakarara

ESSEN & TRINKEN

Liebhaber von Fleischspeisen und Gegrilltem kommen in Namibia voll auf ihre Kosten: Das Fleisch hat dank der vielen Kräuter auf den Weiden einen Europäern gänzlich unbekannten, würzigen Geschmack.

Es wird meist gebraten oder auf dem offenen Feuer gegrillt, wobei der Rauch des Holzes für die besondere Note sorgt. Beliebt ist dies anlässlich eines *braai*, eines typischen Grillessens. Auf Farmen wird häufig Antilope serviert, die der Farmer selbst geschossen hat. In den Küstenorten können Freunde von **Fisch- und Seafood** glücklich werden: Das Angebot reicht von Barsch über Tintenfisch und Languste bis zu Muscheln und Austern.

Viele Restaurants bieten neben internationaler Küche typisch deutsche Gerichte an, z. B. Schlachtplatte mit Blut- und Leberwurst auf Kartoffelbrei. Praktisch, vor allem bei längeren Autofahrten, sind die Take-aways. Dort gibt es belegte Brötchen, Kuchen und andere Snacks.

Zu Beginn der Regenzeit gedeihen am Fuße bestimmter Termitenhügel Pilze, die die Termiten in ihrem Bau als Futter züchten. Die Pilze gelten als Delikatesse und werden vielerorts am Straßenrand verkauft. Eigentlich sind alle Gerichte der »Veldkost« – alles Essbare, das man im Busch finden kann – wohlschmeckend, allerdings frage man besser nicht nach, was sich genau dahinter verbirgt: Es könnte z. B. die Mopane-Raupe sein, die sich auf dem gleichnamigen Baum vermehrt. Sie wird frittiert und erinnert in ihrem Geschmack an Pommes frites.

Zahlreiche Getränke werden aus der Republik Südafrika importiert, darunter vorzügliche Rot- und Weißweine, aus europäischen Rebsorten kultiviert. Das namibische **Bier**, Hansa Lager, Windhoek oder Tafel Lager, wird nach deutschem Reinheitsgebot gebraut. Es ist ausgesprochen süffig und beschließt zumeist den Arbeitstag der Einheimischen. Seit 2014 bereichert Camelthorn Weizen das Angebot.

DIE BESTEN RESTAURANTS

- Das **NICE** in Windhoek brilliert mit schöner Einrichtung und ausgezeichneter Küche > S. 67.
- In der **Stellenbosch Wine Bar & Bistro** speist man bestes namibisches Fleisch > S. 67.
- Tagsüber Dünen und abends ein opulentes Büfett gibt es in der **Sossusvlei Lodge** bei Sesriem > S. 82.
- **Haiku** in Swakopmund ist für seine ausgezeichneten Fisch- wie auch Sushigerichte bekannt > S. 107.
- Im Zentrum von Walvis Bay serviert die **Bäckerei Probst** Einheimischen und Touristen gute deutsche Kost > S. 111.

SHOPPING

Blank polierte Schmucksteine oder glitzernde Diamanten in feiner Fassung, Holzschnitzwerk, filigran aus dünnem Draht gebogenes Kinderspielzeug, Teppiche mit abstrakten Mustern oder mit der kompletten Tierwelt aus Karakulwolle gewoben – das Angebot an Reisemitbringseln ist in Namibia ausgesprochen groß.

HOLZARBEITEN

Die Schnitzkunst gehört nicht zu den traditionellen Ausdrucksformen der namibischen Völker. Doch heute ist allerorten am Straßenrand, in Zentren auf den Marktplätzen und in Boutiquen und Galerien Schnitzkunst im Angebot, meist handelt es sich um Tierskulpturen. Besonders schön sind die Stücke, bei denen man noch die ehemalige Form des Werkstoffes erahnen kann: eine verkrüppelte Wurzel, aus der eine Warzenschweingruppe herausgearbeitet, oder ein windgedrückter Ast, der für eine Giraffe verwendet wurde.

ETHNOKUNST

Seit Jahrhunderten sammeln die San Straußeneier, zerkleinern sie und fertigen aus der Schale kleine Perlen. Mit einer Bohrung versehen und aufge-

Schnitzereien, Körbe, Decken am Straßenmarkt in Windhoek

fädelt bilden sie als Kette ein hübsches Souvenir. Als Kopfschmuck hängt die Perlenarbeit an einem Reif in die Stirn. Der Schmuck der Himba ist ebenfalls ins Blickfeld der Touristen geraten: Amulette, Halsketten und Armreifen. Leder ist das hier vorherrschende Material. Es verbreitet, da der Gerbungsvorgang nicht alle leicht verderblichen Anteile entfernt, teils einen strengen Geruch.

Mobiles, Eierwärmer, bemalte Straußeneier und Servietten sind hübsche Geschenke und werden auf den Märkten angeboten. In den Läden der Städte finden bestickte Kissen, bemalte Stoffe und Flechtwerk ihre Käufer, und mit den Einnahmen unterstützt man häufig auch Projekte für alleinerziehende Frauen oder behinderte Menschen.

EDLE STEINE

Diamanten, von der NAMDEB (zur Hälfte in Staatsbesitz, zur Hälfte zum De Beers Konzern gehörig) im Sperrgebiet bei Oranjemund und *offshore* gefördert, finden größtenteils ihren Weg nach Antwerpen. Doch ein kleiner Teil verbleibt im Land und gelangt geschliffen in die Juweliergeschäfte Windhoeks und Swakopmunds. Die Brüder der Diamanten, die Schmucksteine, sind im ganzen Land zu finden: Amethyste, Tigeraugen, Turmaline und Achate sind nur einige der Steinsorten, die kiloweise und bunt schillernd auf die Waage kommen.

KARAKUL

Das genügsame, ursprünglich aus Asien stammende Karakulschaf wurde zur Kolonialzeit eingeführt. Die Schafe gediehen, und bis heute werden die gelockten Felle ihrer neugeborenen Lämmer als Persianner verkauft. Ausgesprochen attraktive Teppiche und Wandbehänge aus Karakulwolle stellen einige Webereien her. Die große Palette der Farben und Muster reicht von traditionell bis modern.

BUNTE MÄRKTE

- Vom Mini-Flusspferd bis zum Aquarell finden Sie auf dem Markt in Windhoeks **Post Street Mall** > **S. 64** alle nur erdenklichen Souvenirs.
- Fantasievolle Mode, Kunsthandwerk, Kunst – die Marktstände in Windhoeks **Namibia Craft Center** > **S. 66** laden zum Stöbern und Kaufen.
- Es gibt fast nichts, was sie am **Mbangura Woodcarvers Craft Market** in Okahandja > **S. 74** nicht aus Holz geschnitzt kaufen könnten.
- Eher Schauen als Kaufen ist auf **Opuwos traditionellem Markt** > **S. 124** angesagt; hier versorgen sich Himba und Herero mit Lebensmitteln.
- Prall und bunt ist das Angebot auf dem **Markt von Katima Mulilo** > **S. 136**, wo neben alltäglichen Dingen, Obst und Gemüse auch Schnitzereien und Flechtarbeiten verkauft werden.

Naturschönheiten sind die Sanddünen
nahe Sesriem am Sossusvlei

TOUREN &
SEHENSWERTES

WINDHOEK UND DAS HOCHLAND

Die Christuskirche ist ein Wahrzeichen von Windhoek

In der charmanten Landeshauptstadt Windhoek inmitten der Bergwelt des Khomas-Hochlands beginnt und endet jede Namibiareise. Deutsche Kolonialarchitektur, das Independence Memorial Museum und Kunsthandwerkermärkte prägen die Stadt.

Windhoek liegt auf 1700 m Höhe in einem weiten Talkessel des Khomas-Hochlands, 40 km vom internationalen Flughafen Hosea Kutako entfernt. Die Stadt präsentiert sich überschaubar und tadellos herausgeputzt – jedes Häuschen hat seinen grünen Garten, hohe Bäume in den öffentlichen Parks spenden Schatten. Kaum vorstellbar, dass man sich inmitten einer ariden Umgebung befindet. Wer die Stadtgrenze hinter sich lässt, den nimmt Afrika unmittelbar gefangen, mit karger Grasnarbe, dichtem Dornbusch und in die Landschaft eingesprenkelten Schirmakazien.

Steile Pässe führen durch das Khomas-Hochland hinab zur Namib-Wüste im Westen, die mit hohen Dünengürteln am Atlantik endet. Bosua, Gamsberg, Spreetshoogte und Remhoogte heißen die Bergüberfahrten; Namen, bei denen versierte Chauffeure glänzende Augen bekommen und Gespannfahrer vor Ehrfurcht erschauern. Eine Bergwelt von ganz eigenem Charme empfängt die Reisenden, mit schroffen Klippen, Geröll, einsamen Kandelabereuphorbien und Ahnenbäumen, Pavianen, Antilopen und Warzenschweinen. Überaus erstaunlich, dass in dieser Landschaft Viehwirtschaft betrieben wird. Doch es äugen Rinder über die Farmzäune, Simmenthaler oder afrikanische Brahmanen mit ihrem charakteristischen Fettbuckel und weit ausladendem Gehörn.

Nach Osten zu senkt sich die Landschaft in das Kalaharibecken, mit rotem Sand und wie mit einem Rechen gefurchten, ordentlich hintereinander gestaffelten Dünenrücken. Spärlich ist die Grasnarbe auch hier, doch immer noch für die Rinder- und Schafhaltung geeignet. Kleine Dämme stauen das Wasser der Regenzeit und speichern es in sandigem Grund für die schlechteren Monate. Weit auseinander liegen die Gehöfte, nach Zehntausenden Hektar bemisst sich das Areal jeder Farm. Ein dichtes Netz aus Schotterstraßen durchzieht das Land, minutenlang stehen die Staubfahnen der wenigen Fahrzeuge am Himmel. Karakulschafe finden hier ihr Auskommen, und ihre Besitzer wissen die Tiere zu nutzen. Persianerpelz ist ein Exportschlager, und die Teppiche, die aus der Wolle gewebt werden, sind beliebte Souvenirs.

Durch Berge hindurch gelangt man in die Hauptstadt der Baster – **Rehoboth.** Hier im Süden haben sich die Nachkommen weißer Buren und schwarzer Nama-Frauen niedergelassen und eine ganz eigene Kultur geschaffen. Den Bastern unter der Führung ihres Kapitäns gewährte die Zentralregierung sogar Teilautonomie; große Rinderherden sorgen für einen vergleichsweise hohen Lebensstandard.

Das lebhafte Farmerstädtchen Okahandja im Norden hat sich aus einer Missionsstation an den nahen Thermalquellen von Groß Barmen entwickelt. Das heilkräftige Wasser wurde in Innen- und Außenpools gefasst. Die Hauptstädter kommen an Wochenenden in Scharen in das schön hergerichtete Thermalbad.

TOUREN IN DER REGION

Für Entdeckungsreisen rund um Windhoek genügt in der Regel ein einfacher Pkw, selbst wenn man die Pässe im Westen bereisen will. Während der Regenzeit können nach starken Güssen einzelne Pisten unterspült oder Farmzufahrten erschwert sein.

DIE PÄSSE IM WESTEN

ROUTE: Windhoek › Bosua-Pass › Grootberg › Us-, Gamsberg-, Spreetshoogte-Pass › Windhoek

KARTE: Seite 61
DAUER: 2–3 Tage
PRAKTISCHE HINWEISE:
- Ein Pkw ist ausreichend, es sei denn, Sie wollen den Spreetshoogte-Pass von West nach Ost, also bergauf, bewältigen. Dann ist ein Allradfahrzeug empfehlenswert.
- Unterkunft bieten Gästefarmen in der Umgebung von Gamsberg- und Spreetshoogte-Pass.

TOUR-START:
Sie verlassen **Windhoek 1** › S. 63 auf der C 28 nach Westen. Die ersten 30 km sind geteert, dann geht es auf einer Schotterpiste weiter. Die Strecke folgt dem alten Baaiweg der Ochsenkarrenfahrer und passiert die historischen Kolonialbauten Curt-von-François-Feste und das **Liebighaus 5** › S. 72.

Nach etwa 150 km ist der **Bosua-Pass 6** › S. 72 erreicht, die Abfahrt in die Namib. Kurz davor kann man einen Abstecher nach Otjimbingwe unternehmen. Nach dem Pass geht es auf der Piste D 1980 am Grootberg vorbei 40 km nach Süden und auf der D 1982 über den **Us-Pass 8** › S. 72 wieder nach Osten Richtung Windhoek. Nach 130 km gelangt man zur Piste C 26, der man nach Süden folgt; nach 80 km ist der **Gamsberg-Pass 9** › S. 72 erklommen. In der Umgebung sind Gästefarmen zu finden.

Nach 70 km geht es auf der C 14 erneut nach Süden, bevor die Route nach gut 60 km auf der D 1275 wieder in Richtung Osten führt. Vorbei an weiteren Gästefarmen überqueren Sie nun den **Spreetshoogte-Pass 7** › S. 72 und erreichen nach

50 km die C 24, der Sie über 100 km bis nach **Rehoboth** 10 › S. 73 folgen. Von hier sind es, wieder auf einer asphaltierten Straße, noch 80 km bis **Windhoek**.

BEI DEN TEPPICH-WEBERN

ROUTE: Windhoek › Dordabis › Farm Ibenstein › Farm Kiripotib › Farm Peperkorrel › Windhoek

KARTE: Seite 61
DAUER: 2 Tage
PRAKTISCHE HINWEISE:
• Pkw genügt. Während der Regenzeit können einzelne Überlandpisten unterspült oder Farmzufahrten erschwert sein.

• Übernachten z. B. auf Kiripotib oder in der Eningu Clayhouse Lodge

TOUR-START:

Einen Einblick in das Kunstschaffen Namibias erhält man bei einer zweitägigen Reise durch das Hinterland Windhoeks. Auf guten Pisten geht es zu einer Teppichweberei, die aber auch ganz andere Kunst auf hohem Niveau produzieren. Gut 20 km östlich von **Windhoek** 1 › S. 63, auf halbem Weg zum Flughafen, verlässt man die Hauptstraße und folgt der asphaltierten C 39 nach Dordabis. Das weltabgeschiedene Dörfchen ist ein Zentrum der Karakulzucht, doch von einer Siedlung bemerkt man nicht viel, Dordabis dient eher als Landmarke in der Weite. Von hier aus führt die Schotterpiste C 15 in Richtung Süden und nach 50 km die D 1448 nach Osten.

TOUREN IM HOCHLAND

TOUR 1

DIE PÄSSE IM WESTEN

Windhoek › Bosua-Pass › Grootberg › Us-Pass › Gamsberg-Pass › Spreetshoogte-Pass › Windhoek

TOUR 2

BEI DEN TEPPICHWEBERN

Windhoek › Dordabis › Farm Ibenstein › Farm Kiripotib › Farm Peperkorrel › Windhoek

Das Bahnhofsgebäude in Windhoek wurde 1912 eingeweiht

10 km weiter ist die Farmeinfahrt von **Kiripotib** **2** ▸ S. 70 erreicht. Hier finden Sie in vorzüglich eingerichteten Bungalows Unterkunft und verbringen den Tag in der Teppichweberei, im Schmuckatelier, mit Spaziergängen und am Pool.

Am nächsten Tag fahren Sie rund 40 km weiter nach Osten, kurz auf der C 23 und dann auf der M 51 nach Norden, bis Sie **Peperkorrel** **4** ▸ S. 70 an der D 1472 erreichen. Auf der Farm stellt die bekannte Künstlerin Dörte Berner ihre eindrucksvollen Skulpturen aus Stein aus. Die Eningu Clayhouse Lodge auf der Nachbarfarm bietet Unterkunft. Die Rückfahrt nach **Windhoek** dauert zwei Stunden.

VERKEHRSMITTEL

- Windhoek verfügt über zwei Flughäfen: Reisende aus dem Ausland landen auf dem **Hosea Kutako International Airport**, Tel. 0 61/2 95 56 00, www.airports. com.na, Inlands- und einige Regionalflüge starten vom **Eros National Airport,** Tel. 0 61/2 95 55 01, ca. 5 km südlich des Stadtzentrums.
- Von der **Windhoek Train Station,** Bahnhof Street, Tel. 0 61/2 98 23 02 Reservierungen), verkehren Züge des Passenger Service von Trans Namib, der Starline Express, nach Walvis Bay, Swakopmund (Di, Do, Fr und So übernacht mit Liegewagenoption) und Keetmanshoop. Von hier startet auch der Bus **Intercape Mainliner,** www.intercape.co.za, nach Swakopmund, Kapstadt, Johannesburg und Victoria Falls.
- Verlässliche **Taxis** werden telefonisch bestellt (Radio Taxi). Nach vertrauenswürdigen Adressen erkundige man sich im Hotel oder frage das Personal im Restaurant. Aus Sicherheitsgründen sollte man darauf achten, als einziger Fahrgast befördert zu werden.

WICHTIGE ADRESSEN

- **Namibia Tourism,** Ecke Haddy & Sam Nujoma Drive, Tel. 0 61/2 90 60 00, www.namibiatourism.com.na
- **Namibia Wildlife Resorts Ltd.**, Gathemann Building, Independence Avenue gegenüber dem Zoo Park, Tel. 0 61/2 85 72 00, www.nwr.com.na, Mo–Fr 8–17 Uhr (Buchungen nur bis 15 Uhr) Informationen über die Rastlager und zentrales Reservierungsbüro.
- **Windhoek Information Office,** Ecke Post Street Mall/Independence Avenue bei der Agricultural Bank, Tel. 0 61/2 90 20 92, www.windhoekcc.org.na/tour.php
- **Air Namibia,** 27–29 Dr. W. Külz Street, Tel. 0 61/2 99 63 33, www.airnamibia.com
- **SAA,** Sanlam Centre, Fidel Castro Street, Tel. 0 61/27 33 40, www.flysaa.com

UNTERWEGS IN WINDHOEK 1 ◧ C3

Villen inmitten üppig blühender Gärten, glitzernde Hochhausfassaden, breite Avenuen und postmoderne Passagen prägen das weiße Herz der Metropole, staubige Straßen und uniforme Flachbauten sein schwarzes. Die Reize der namibischen Hauptstadt entdeckt man erst bei genauerem Hinsehen: Fachwerkhäuser ducken sich in den Schatten der Wolkenkratzer, ein neugotischer Kirchturm lugt zwischen Palmwipfeln hervor, Ritterburgen künden vom einstigen kolonialen Glanz.

Windhoek bietet den idealen Einstieg in die Besonderheiten dieser Mischkultur und eignet sich sehr gut als Ausgangspunkt für Touren.

RUND UM DIE ALTE FESTE A ⭐ ◧ c4

Der Rundgang beginnt an der Ecke Independence Avenue und Sam Nujoma Drive, unweit des Hotels Avani Windhoek (das ehemalige »Kalahari Sands«). In dessen Eingangsbereich verkaufen ehrwürdige Ladies typische Souvenirs: die viktorianisch gewandeten Herero-Püppchen. Und die Zeitungsjungen wetteifern viersprachig mit den neuesten Schlagzeilen (Afrikaans, Englisch, Deutsch und Oshivambo) um Käufer.

Hügelan erreicht man nach einem fünfminütigen Spaziergang die weiße, zinnenbewehrte Fassade der 1892 vollendeten und 1895 erweiterten **Alten Feste.** Ehemals barg sie eine interessante Ausstellung zur Geschichte des Landes, doch die Eröffnung des Unabhängigkeitsmuseums ließ ihr nur eine Nebenrolle. Als jüngstes Exponat schmückt der **Südwester Reiter** den Innenhof des Museums. Das 1912 neben der

---

💬 **GESCHICHTE**

Ob der Name Windhoeks, der größten Stadt Namibias (ca. 400 000 Einw.), nun an die Winterberge, Jonker Afrikaners Heimat, oder an das frische Klima in 1700 m Höhe anknüpft, wird wohl nie endgültig zu klären sein. Fest steht, dass der Ort dank einer heißen Quelle von Herero und Nama aufgesucht wurde. Jonker Afrikaner, der legendäre Orlaam-Nama-Führer, vetrieb 1840 die Herero und gründete hier eine Niederlassung. Erst der deutsche Schutztruppenkommandant Curt von François ließ 1890 an der verkehrsgünstig gelegenen Quelle den Grundstein für die Alte Feste und das neue Verwaltungszentrum der Kolonie legen. Unter südafrikanischem Mandat entstand schließlich die nach Hautfarben getrennte Siedlungsstruktur: der weiße Stadtkern, die Siedlung Khomasdal, wo die Farbigen leben, und Katutura, die Retortenstadt für jene, die 1968 den Baumaßnahmen in ihrem angestammten Gebiet, dem heutigen Stadtteil Hochlandpark, weichen mussten.

Feste aufgestellte, umstrittene Reiterdenkmal wurde 2014 von seiner prominenten Position entfernt. Es erinnert an die deutschen Gefallenen der Herero-Aufstände 1904 (Die Alte Feste und der Innenhof sind seit 2014 wegen Renovierung auf unbestimmte Zeit geschl.). Neben der Alten Feste hat eine alte Dampflok mit Waggons ihren letzten Standplatz gefunden.

Unübersehbar beherrscht das moderne **Independence Memorial Museum** ⑧ die historischen Bauten. Es dokumentiert den Kampf der namibischen Völker gegen Kolonialherrschaft und Apartheid bis zur Unabhängigkeit (Mo–Fr 9–17, Sa, So 10–17 Uhr). Nahe der Alten Feste erhebt sich in ähnlich exponierter Lage die 1907 bis 1910 von Gottlieb Redecker errichtete **Christuskirche** ⑧ aus Sandstein mit roten Ziegeln im neoromanischen Stil mit einigem gotischen Beiwerk – das herausragende Wahrzeichen des wilhelminischen Windhoeks.

Etwas oberhalb von Kirche und Alter Feste steht mit dem **Tintenpalast** ⑩ ein Zeugnis des reichsdeutschen Beamtenapparats und zugleich ein gelungenes Beispiel der Südwester-Verandenarchitektur mit weit vorgezogenem Walmdach. Auch diesen Bau, heute Sitz des Parlaments, entwarf G. Redecker 1912.

JOHN MEINERT
STREET ▮ a2–b2

Die Robert Mugabe Avenue führt hangabwärts auf die Independence Avenue zu und trifft auf die John Meinert Street. Linker Hand flankieren die modernen Bauten des **Staatsmuseums,** des Theaters und der **National Art Gallery** ⑧ (Mo 14–17, Di–Fr 8–17, Sa 9–14 Uhr) die Straße. Die Kunstgalerie bietet einen guten Überblick über das aktuelle Schaffen der zeitgenössischen Künstler. Der Gallery Shop mit hübschem Kunsthandwerk ist in die Art Gallery integriert. Am **Kudu-Denkmal** ⑧ gelangen Sie wieder auf die lebhafte Independence Avenue, die ehemalige Kaiserstraße.

POST STREET
MALL ⑧ ⭐ ▮ a2–b2

Ein wilhelminischer Uhrturm bezeichnet den Eingang zur Fußgängerzone, Gebäude in Pastelltönen bilden den postmodernen Rahmen. Hier wird multikulturelles, hauptstädtisches Flair spürbar. Es gibt hübsche Boutiquen und Cafés, Kunsthandwerker bieten Selbstgestaltetes feil, man trifft sich am Meteoritenbrunnen, bei Wecke & Voigts und an der Milky Lane im Basement des Wernhill Einkaufszentrums am Ende der Mall oder aber man stärkt sich an einem der zahlreichen Fast-Food-Imbisse. Parallel dazu verläuft die ältere und nicht ganz so schicke Levinson Arcade mit dem berühmten, von Dörte Berner gestalteten Bronzebrunnen »Guinea Fowls«. In der Arcade serviert das Café Schneider deutschen Kaffee und gedeckten Apfelkuchen.

ALTE UND NEUE
ARCHITEKTUR ▮ b3

Zwischen Wolkenkratzern geduckt erinnert eines der letzten verbliebe-

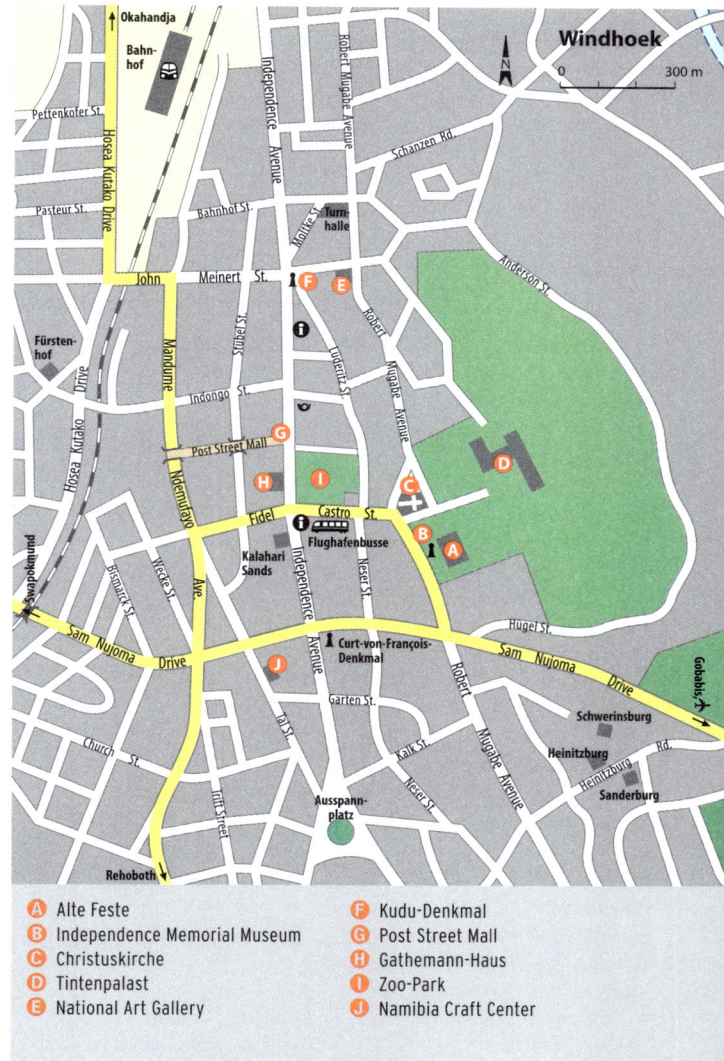

Ⓐ Alte Feste
Ⓑ Independence Memorial Museum
Ⓒ Christuskirche
Ⓓ Tintenpalast
Ⓔ National Art Gallery
Ⓕ Kudu-Denkmal
Ⓖ Post Street Mall
Ⓗ Gathemann-Haus
Ⓘ Zoo-Park
Ⓙ Namibia Craft Center

nen Ensembles jener Zeit, das **Gathemann-Haus** 🄷 📱 b3, an deutsche Bautradition der Wende vom 19. zum 20. Jh. Folgen Sie der Independence Avenue bis zum **Zoo-Park** 🄸 📱 b3. Diese kleine grüne Oase ist der Rest einer weitläufigen Grünanlage um das Kriegerdenkmal, die Modernisierungen in den 1960er-Jahren zum Opfer fiel.

KULTURZENTREN

Abseits vom Zentrum, aber unbedingt einen Besuch wert, ist der Gebäudekomplex einer ehemaligen Brauerei in der Talstraße, den heute verschiedene Kulturinitiativen nutzen. Dazu gehört das **Namibia Craft Center** 🄹 📱 b4 › S. 68, in dem Frauenkooperativen und junge Designer Mode und originelles Kunsthandwerk verkaufen. › mehr S. 18 **Punkt** ④⓪ Das **Warehouse Theatre** im selben Areal dient als Szene-Café, Avantgarde-Theater und Veranstaltungsort für Popkonzerte (www.warehousetheatre.com.na). Besonders beliebt ist das Craft Café für sein Frühstück, das man auf der Veranda einnehmen kann.

HOTELS

Avani Windhoek €€€ 📱 b2
Clou des namhaften Spitzenhotels im Zentrum ist der Pool auf dem Dach. Guter Service, viele Geschäftsleute.
- 129 Independence Avenue | Windhoek
  Tel. 0 61/2 80 00 00
  www.minorhotels.com

Fürstenhof €€€ 📱 a3
Sehr aufmerksam geführtes Hotel in Zentrumsnähe, Pool, gutes Restaurant.

- Frans Indongo Street | Windhoek
  Tel. 0 61/23 73 80
  protea.marriott.com

Hotel Pension Moni €€ 📱 a5
Komfortable, viel gelobte Frühstückspension mit großen Zimmern, Pool, Wintergarten und sicherer Parkmöglichkeit.
- Rieks van der Walt Street | Windhoek
  Tel. 0 61/22 83 50
  www.newmedianamibiaprojects6.com

Windhoek Gardens Guest House €€ 📱 a1
Schönes Boutiquehotel mit 28 eleganten Zimmern und sehr gutem Frühstück.
- 31 Pasteur Street | Windhoek West
  Tel. 0 61/25 55 44
  www.windhoekgardens.com

Arebbusch Travel Lodge €
Moderne Lodge am südlichen Stadtrand mit sauberen Zeltplätzen (gut bewacht).
- Cnr of Golf & Auas Road, Olympia
  Windhoek | Tel. 0 61/25 22 55
  www.arebbusch.com

Pension Steiner € 📱 a4
Frühstückspension wie aus der Zeit gefallen, sauber und einfach, mit Garten und Pool.
- 11 Wecke Street | Windhoek
  Tel. 0 61/41 44 00
  hotelpensionsteiner.com-namibia.com

RESTAURANTS
Heinitzburg €€€ 📱 d5
Vom Hotelrestaurant südlich der Alten Feste hat man den schönsten Ausblick über die Stadt, ein Kaffee auf der Terrasse ist beinahe ein Muss.
- 22 Heinitzburg Road | Windhoek
  Tel. 0 61/24 95 97 | www.heinitzburg.com

Das NICE zeichnet sich durch exzellente Küche und modernes Ambiente aus

JoJo's Music and Arts Café €€€  b3
Internationale Küche auf sehr hohem Niveau in einer ehemaligen Produktionshalle.
• Old Breweries Complex Unit 15 B | Garten Street | Windhoek | Tel. 0 81/6 93 50 19

NICE €€€ a3
Das Namibian Institute of Culinary Education ist die eleganteste Speiseadresse des Landes, wenn nicht des südlichen Afrikas. Geschmackvoll minimalistische Einrichtung. Die Küche produziert erlesene Gerichte, denn hier erhalten die Köche ihre Ausbildung zum Küchenmeister.
• Mozart St., Ecke Hosea Kutako Drive Windhoek | Tel. 0 61/30 07 10
www.nicenamibia.com
Küche: Mi–So 12–14 und 18–22 Uhr
Bar mit kleiner Speisekarte: 16–24 Uhr

The Social €€€
Fisch- und Fleischküche mit Anspruch im Stadtteil Eros, nette Atmosphäre drinnen und draußen.

• Liliencron Street, Ecke Robert Mugabe Avenue | Windhoek | Tel. 0 81/623 10 11
www.facebook.com/thesocialnamibia

The Stellenbosch Wine Bar and Bistro €€€ c4
Wer die besten Tropfen Südafrikas zum Dinner genießen möchte, kommt um das Stellenbosch nicht herum. Immer wieder finden auch Verkostungen und Wineshows statt. Das Essen ist modern als Bistrostyle konzipiert.
• Shop No. 25, Bougain Villas
320 Sam Nujoma Drive | Windhoek
Tel. 0 61/30 91 41 | www.thestellenbosch winebar.co | Mo–Sa 11.45–22 Uhr

La Marmite €€ b3
Afrikanische Gerichte, in der Schärfe für die europäische Zungen abgeschwächt – lecker und entspannt (ehemals Café Zoo).
• 383 Independence Avenue | Windhoek
Tel. 0 61/24 03 06 | www.facebook.com/ LaMarmiteRestaurant

O Portuga €€
Willkommene kulinarische Abwechslung
bietet dieser beliebte Portugiese.
• 312 Sam Nujoma Drive | Windhoek
  Tel. 0 61/27 29 00

NIGHTLIFE

Hilton Skybar  b4
Tagsüber Poolbar und Restaurant wandelt
sich das Dach des Hilton abends zur Cock-
tail-Lounge mit guten Drinks.
• Reverend Michael Scott Street | Windhoek

Joe's Beer House b4
Disco-Pub, gelegentlich Livemusik, Treffpunkt der Namibia-Deutschen.
> **mehr S. 13 Punkt** ⑬
• 160 Nelson Mandela Avenue | Windhoek
  Tel. 0 61/23 24 57 | www.joesbeerhouse.
  com | So–Fr 17–2 Uhr, Sa 11–2 Uhr

SHOPPING

Windhoeker Buchhandlung b5
Gute Auswahl deutschsprachiger Literatur
über Namibia.
• 69–73 Independence Avenue | Windhoek
  www.windhoekerbuchhandlung.com

Bushman Art b2
Fantastisches Angebot: traditionelle
Waffen, Instrumente und Schmuck. > **mehr
S. 17 Punkt** ㊲
• Gathemann Arcade | Windhoek
  187 Independence Avenue | Windhoek
  www.bushmanart-gallery.com

Namibia Craft Center b4
Von traditionellen Schnitzereien bis zu von
Nama-Frauen bestickter Tischwäsche.
• Old Breweries Building | Tal Street
  Windhoek | namibiacraftcentre.com

Bushman Art Gallery in der Independence Avenue

AUSFLÜGE

DIE TOWNSHIP KATUTURA

Am Ort, »wo wir nicht wohnen (wollen)«, *katu-tura,* führen die Reiserouten zumeist vorbei. Vielleicht 150 000 Menschen leben – nach ethnischer Zugehörigkeit getrennt – in der Vorstadt Windhoeks, die ab 1960 in zwei Bauphasen entstand und bis heute mit ihren staubigen Straßen die Atmosphäre einer verlorenen Westernstadt verströmt. In stumpfer Uniformität reihen sich flache Normhäuschen aneinander, nur die bunten afrikanischen Märkte, grelle Ladenschilder und spielende Kinder halten der Strenge der rechten Winkel ihr fröhliches Chaos entgegen. Das Gesetz, das nach Rassen getrennte Siedlungen vorschrieb, ist seit Beginn der 1990er-Jahre aufgehoben, doch die wenigsten Farbigen verdienen genug Geld, um sich im weißen Teil Windhoeks eine Wohnung oder gar ein Haus leisten zu können. So erhält die wirtschaftliche Not dieses Relikt der Apartheid aufrecht. Mit dem Feierabend in Läden, Büros und Fabriken setzt eine Völkerwanderung von Menschen aller Hautschattierungen in die Vororte ein. Die Innenstadt liegt dann bald wie ausgestorben da. Nachtschwärmer finden in Katutura, was im weißen Zentrum fehlt: das heißeste Nachtleben der Stadt.

Die Township sollte man nicht auf eigene Faust erkunden, sondern besser mit Hilfe eines Veranstalters in Windhoek wie Face to Face Tours, Tel. 0 61/26 54 46 › S. 46.

Am Goreangab-Damm im Westen von Katutura wurde das **Selbsthilfeprojekt Penduka** für arbeitslose Frauen entwickelt, die nun Kunsthandwerk herstellen (Tel. 0 61/25 72 10, www.penduka.com; auch günstige Übernachtungen, Shuttle-Service › S. 46).

In Katutura liegt das **XWAMA Cultural Village** (Ondongo St.) mit einem Restaurant, das traditionelle Gerichte serviert; Musikaufführungen und ein umfangreiches Kulturprogramm (Tel. 0 61/21 02 70, www.xwama.com). › mehr S. 13 Punkt ⑪

WILDBEOBACHTUNG AUF N/A'ANKUSÊ ▣ C3

Im Wildlife Sanctuary auf der Farm finden jene Großkatzen ein Refugium, die von den kommerziell genutzten Farmen vertrieben wurden. Löwen, Geparde, Hyänen, Hyänenhunde und Leoparden leben hier auf riesigen, eingefriedeten Flächen; bei der Fütterung darf man zuschauen. Nur Tiere, die eine Auswilderung definitiv nicht überleben würden, bleiben auf N/a'ankusê, die anderen werden umgehend wieder in die Freiheit entlassen. Verhaltensforscher und Veterinäre kümmern sich um die Großkatzen. In den Projekten und in der Lodge finden bevorzugt San aus der Umgebung eine Anstellung. Die Profite des Sanctuary fließen in weitere Projekte, z. B. eine Klinik für die San. N/a'ankusê liegt 40 km östlich von Windhoek und ist über die B 6 und MR 53 zu erreichen (Tel. 0 61/30 73 38, www.naankuselodge.com, www.naankuse.com).

DAAN VILJOEN GAME PARK ◾ C3

Der u. a. für seinen Vogelreichtum bekannte Wildpark, 25 km westlich von Windhoek im Khomas-Hochland gelegen, ist für die Hauptstädter ein beliebtes Naherholungsziel.

Ein privater Pächter hat in den letzten Jahren die Unterkünfte und den Zeltplatz in dem knapp 40 km² großen Park geschmackvoll modernisiert. Der Daan Viljoen Wildpark beheimatet stattliche Herden aller wichtigen Antilopenarten sowie Zebras, Gnus, Paviane etc. (Sun Karros Resort, Tel. 0 83/3 23 23 93, www.sunkarros.com).

UNTERWEGS IM HOCHLAND

IM LAND DER KARAKULS

Im Osten Windhoeks senkt sich das Hochland über mehrere Höhenzüge allmählich ins Kalaharibecken ab. Trockenflusstäler mit Namen wie Olifants, Skaap und Nossob durchziehen das Land. Auch hier werden Rinder gezüchtet, doch immer wieder haben Dürren ins wirtschaftliche Fiasko geführt, sodass man sich verstärkt auf die Zucht von Karakulschafen verlegt hat, die vor über 100 Jahren auf dem Umweg über die Pelzhändler in Leipzig aus Asien importiert wurden. Das Fell der Neugeborenen bringt als Persianer gute Erträge und die Wolle eignet sich hervorragend für die Herstellung strapazierfähiger Teppiche.

Die Weberei auf der Farm **Kiripotib** **2** ◾ D4 ist eine der wenigen Institutionen, die noch die Tradition der Wollverarbeitung der Karakulschafe pflegt. Unter dem Label Kirikara Art & Craft entstehen wunderschöne Teppiche mit abstrakten oder gegenständlichen Mustern. Der gesamte Herstellungsprozess der Wolle, vom Waschen, Spinnen bis zum Färben, ist Handarbeit, die die Einheimischen erledigen. Mehr als 200 Farbtöne werden verarbeitet, bis zu drei Monate dauert das Weben eines Teppichs von zwei mal drei Metern Größe. In den Ausstellungsräumen werden neben den Teppichen und ebenfalls auf der Farm entworfenem und hergestelltem Schmuck auch Kunsthandwerk und Kunst aus ganz Afrika verkauft (www.kirikara.com).

Bitterwasser **3** ◾ D4 ist als eines der besten Segelflugreviere bekannt. Über einer Salzfläche bilden sich ausgezeichnete Aufwinde, immer wieder werden neue Rekorde im Langstrecken- und Dauerflug gebrochen. Und jedes Mal wird dann eine Palme gepflanzt, wodurch inzwischen eine Allee von beträchtlicher Länge entstanden ist.

Auf **Peperkorrel** **4** ◾ D3 lebt und arbeitet seit Langem die Künstlerin Dörte Berner. Auf der Farm Home of Sculptures kann man ihre Steinskulpturen besichtigen (Tel. 0 62/58 15 81, www.doerte-berner.com).

Karakulschafe fühlen sich auf dem Hochplateau wohl

UNTERKÜNFTE

Eningu Clayhouse Lodge €€€ 📖 D3
Die komfortable Lodge ca. 65 km südöstlich des internationalen Flughafens bietet Unterkunft in neun liebevoll gestalteten Zimmern, delikates Essen, einen Pool und einen Shop sowie Ausflüge – ein perfekter Platz.
- Tel. 0 62/58 18 80
  www.eningulodge.com

**Bitterwasser Lodge &
Flying Centre** €€–€€€ 📖 D4
Zur Wahl stehen einfachere Rondavels (Rundhütten) oder komfortable Bungalows, Aktivitäten wie Mountainbiking und Wanderungen sowie zur Erholung ein Pool.
- Tel. 0 63/26 53 00
  www.bitterwasser.com

Kiripotib €€ 📖 D4
Unterkunft in farbenfrohen und liebevoll eingerichteten Gästezimmern und Chalets, das Essen wird gemeinsam mit Familie von Hase, den Farmbesitzern, eingenommen.

> mehr S. 16 Punkt ③①
- Tel. 0 62/58 14 19
  www.kiripotib.com

KHOMAS-HOCHLAND

Das 2000 m hohe Hochplateau fällt nach Westen hin ab zur Namib, über diese Randstufe führen mehrere Passstraßen hinunter zur 1000 m tiefer gelegenen Wüste. Diese Straßen, die eher Pisten gleichen, werden seit Jahrhunderten benutzt und sind als Baaiweg in die Geschichte eingegangen, der lange nicht einer bestimmten Route folgte, sondern mal hier, mal dort von der Küste ins Gebirge führte. Erst der den Orlaam-Nama zugehörige Jonker Afrikaner machte den Alten Baaiweg, der teils auf, teils nördlich der C 28 verläuft, 1844 für die Ochsenwagen gangbar. Vorbei am Daan-Viljoen-Wildpark passiert man zunächst eine Geistervilla: Das zweistöckige **Liebighaus** 5 C3 steht hier seit 120 Jahren, seit 70 Jahren ist es unbenutzt. Die **Curt-von-François-Feste,** 25 km weiter, ist ein Nationaldenkmal. 1890 kontrollierten von hier aus drei deutsche Soldaten den Baaiweg.

Der **Bosua-Pass** 6 C3 hat wie der **Spreetshoogte-Pass** 7 C4 im Süden an der D 1275 mit 20 % das steilste Gefälle an der Randstufe. 30 km bevor man ihn erreicht, führt ein Abstecher nach Otjimbingwe, ein verschlafenes Dorf, das allerdings in den Anfangsjahren der deutschen Kolonialzeit die Hauptstadt des Schutzgebietes war. Der Pulverturm, ein Lager- und Verteidigungsgebäude, erinnert noch an diese Epoche. Am Pass genießt man einen weiten Panoramablick über die Namib.

Am **Us-Pass** 8 C3–C4 (10 % Steigung) folgt die Piste mäandernd der Schlucht des Kuiseb, der südlich von Walvis Bay am Dünengürtel endet. Südlich des **Gamsberg-Passes** 9 C4 (10 % Steigung) stehen die Gipfel des Gamsbergs (2347 m) und seines kleinen Bruders. Im Norden flankieren die Horosibberge das Plateau, und vor den Betrachtern staffeln sich zerklüftete Gipfelketten, die allmählich zur Hochebene der Namib abfallen.

Mit dem Übergang zur Namib verändert sich die Landschaft: Die

Am Spreetshoogte-Pass im Khomas-Hochland

von Gräsern überzogenen Hänge weichen einer gelbbraunen Hochebene; Schiefer und Kalk liegen offen zutage, hinter jeder Biegung nimmt das Gestein neue bizarre Formen an. Mineraliensammler können sich hier nach Belieben austoben.

UNTERKÜNFTE
Corona Gästefarm €€ 📖 C4
Luxuriöse Suiten, komfortable Zimmer und Luxus-Safarizelte auf einer traditionellen Gästefarm. Swimming Pool und Liegewiese vorhanden. Farmrundfahrten mit Tierpirsch und zu Felsmalereien, Möglichkeit zur Besteigung des Gamsberges.
• An der D1438 (18 km von der C 26)
  Tel. 0 61/68 10 45
  www.coronaguestfarm.com

Rooiklip Gästefarm €€−€€€ C4
Die 7 ha große Farm liegt am Fuß des Gamsbergs auf 1000 m Höhe und bietet zwei hübsche Gästehäuser (insgesamt sechs Zimmer), einen Pool und zahlreiche Aktivitäten.
• Am Fuß des Gamsbergpasses 18 km auf der D 1438 abseits der C 14
  Tel. 0 81/1 28 78 44
  www.rooiklip.iway.na

REHOBOTH 🔟 📖 C4

Die touristische Attraktion von Rehoboth (35 000 Einw.) ist das Reho Spa am Rand der Stadt mit Hallen- und Außenschwimmbecken, Restaurant und Unterkünften (die Anlagen werden derzeit renoviert und sind geschlossen). Sehenswert ist das Rehobother Museum im Alten Postmeisterhaus, das Geschichte und Kultur der Baster liebevoll dokumentiert (Mo–Fr 9–12 und 14 bis 16 Uhr, Sa 9–12 Uhr).

UNTERKUNFT
Hobasen Montana Lodge €−€€ 📖 C4
Vier Bungalows, Restaurant mit Lunch- und Dinner-Angebot, angenehme und freundliche Unterkunft.
• 2 km südlich von Rehoboth an der B1
  Tel. 0 62/52 57 04
  hobasen@mweb.com.na

OKAHANDJA 1️⃣1️⃣ 📖 C3

Der Ort Okahandja (24 000 Einw.) ist der etwas verschlafene Mittelpunkt einer Viehzuchtregion. Die 1876 erbaute Kirche der Rheinischen Mission (Ecke Heroe's St. und Kolbe St.) zeugt von der frühen Bekehrung der hier lebenden Herero und bildet zugleich die Kulisse für deren farbenprächtigen Ahnengedenkfeiern im August, in denen auch vorchristliche Elemente erhalten sind. › S. 52 und S. 15 Punkt **㉑**

Die Gräber der bedeutendsten Hereroführer, der Häuptlinge der Maharero-Sippe sowie das des Nama-Kapitäns Jonker Afrikaner (Friedhöfe der Rheinischen Missionskirche, der Kirche vis-à-vis und östlich der Voigt St.) besucht man am besten in einer Gruppe. An der Ortseinfahrt und -ausfahrt befindet sich der imposante, quirlige **Mbangura Woodcarvers Craft Market.** Das Angebot ist recht preiswert und ansehnlich. › mehr S. 18 Punkt **㊴**

UNTERKÜNFTE

Gross Barmen €–€€€ ▐ C3
Wasserratten schätzen das Thermalbad der einstigen Missionsstation Groß

Barmen. Schicke, renovierte Bungalows, Zeltplatz, Restaurant und Laden.
- Groß Barmen, ca. 30 km südwestlich von Okahandja | Tel. 0 61/285 72 00 www.nwr.com.na

Ombo Rest Camp € ▐ C3
Einfache (Familien-)Bungalows für Selbstversorger und Campingmöglichkeit auf einer Strauß- und Krokodilfarm. Auch Straußenfütterung und -streicheln – daher nett für Kinder.
- 10 km nordöstlich an der C 31
  P.O. Box 368 | Okahandja
  Tel. 0 62/50 20 03
  Mobil-Tel. 0 81/2 06 27 91
  www.ombo-rest-camp.com

Villa Nina Gästehaus € ▐ C3
Kleine Pension mit Garten und Pool unweit vom Ortskern.
- 327 Conradie St. | P.O. Box 1497
  Okahandja | Tel. 0 62/50 24 97
  m.facebook.com/VillaNinaNamibia

Holzschnitzereien gehören zum Straßenbild in Okahandja

DER SÜDEN

Abgestorbene Akazienbäume in Deadvlei

Faszinierende Wüstenlandschaften und durch Erosion grandios geformte Riesendünen, der Fish River Canyon, die zweitgrößte Schlucht der Welt, sowie koloniale Jugendstilbauten in Lüderitz am kühlen Atlantik erwarten Besucher im Süden.

Vom zentralen Hochland gelangt man über einen der steilen und engen Pässe die Randstufe hinunter in die Namib, die den ganzen Küstenbereich des Landes prägt. Große Teile der Namib stehen als Namib-Naukluft-Park unter Naturschutz, doch nicht nur, um die Natur zu bewahren: Noch immer sind einige Bereiche im ehemaligen Diamantensperrgebiet des Südens für die Öffentlichkeit nicht zugänglich. Mit hohen Sanddünen, weiten Geröllebenen und rauen Bergen zeigt sich

Viele Farmer im Süden haben auf Straußenzucht umgestellt

der Nationalpark landschaftlich ausgesprochen vielfältig.

Jeder Bereich besitzt seine eigenen Zugänge und ein individuelles Naturschutzregime: das schroffe **Naukluft-Gebirge,** die Sandberge bei **Sossusvlei** und die Ebenen um Lüderitz, wo die Diamanten gefunden werden. Der Orange River an der Grenze zu Südafrika ist der einzige Fluss südlich von Swakopmund, der es schafft, bis zum Atlantik vorzudringen. Alle anderen Wasserläufe stoßen auf die Dünengürtel und versickern oder verdunsten. Zurück bleiben Pfannen, in denen sich die antransportierten Salze ablagern und eine immer wasserundurchlässigere Schicht bilden. Weit über die Regenzeit hinaus dienen diese *Pans* dann als willkommene Tränken für die Tierwelt.

Ein einziger Zugang zur Küste führt durch die südliche Namib; er endet bei **Lüderitz,** dem Ort, wo die deutsche Kolonialgeschichte des Landes ihren Anfang nahm. Krasser könnten die Gegensätze dort nicht sein: Graubraune und gelbe Wüste und die blaugrauen Fluten des Atlantik, brechende Wellen und granitene Felstürme, prächtiger Jugendstil und Wellblechhäuschen prägen die Stadt und ihre Umgebung.

Im Landesinneren gewährt der **Fish River Canyon,** die zweitgrößte Schlucht der Welt, tiefe Einblicke in die Erdgeschichte. Wer genügend Zeit und Kondition mitbringt, durchwandert ihn in fünf Tagen und nimmt am Ende ein heilendes Bad in den heißen Quellen von Ai Ais. Das Gebiet des Fish Rivers ist geschützt und bildet mit dem südafrikanischen Nationalpark jenseits des Orange River den Ai Ais/Richtersveld Transfrontier Park.

Mehrere in Privatbesitz stehende Naturschutzgebiete wie die **Tiras Conservancy,** der Gondwana **Canyon Park** oder das **Namib Rand Nature Reserve** sind vorzüglich für die Naturbeobachtung geeignet. Luxuriöse Unterkünfte, aber auch ländliche Beherbergung schaffen den perfekten Hintergrund für Exkursionen und Pirschfahrten.

Der Osten der Reiseregion ist von der Kalahari geprägt: Im Zuge der Erdbewegungen, die auch die Randstufe entstehen ließen, senkte sich großflächig die Landschaft des heutigen **Kalaharibeckens** und füllte sich in Jahrmillionen mit Sedimenten. Die vorherrschenden Windrichtungen Ost und West türmten die roten Sandmassen zu wellenförmigen Gebilden auf. Wunderbar gleichmäßig reihen sich die nordsüdwärts verlaufenden Dünen aneinander, und eine Fahrt entlang der Breitengrade ist ein Auf und Ab durch das Buschwerk und über die spärliche Grasnarbe. Im **Kgalagadi Transfrontier Park** können Sie Flora und Fauna dieser eigenwilligen Wüstenlandschaft studieren.

TOUREN IN DER REGION

Für die vorgeschlagenen Touren im Süden ist ein Pkw ausreichend, die Pisten haben einen festen Untergrund aus Sand oder Geröll. Wegen der großen Entfernungen und des geringen Verkehrs sind zwei Ersatzreifen angeraten.

Zum Kgalagadi Transfrontier Park kann man die nördliche Anfahrt über den Grenzposten Mata Mata oder die südliche über Klein Menasse wählen, für die Rückfahrt nimmt man dann die jeweils andere Strecke. Paddeltouren auf dem Orange River werden von Camps beim Städtchen Noordoewer an der südafrikanischen Grenze aus organisiert.

TOUR 3

TIERE IN DER KALAHARI

> **ROUTE:** Keetmanshoop › Aroab › Klein Menasse › Andriesvale › Twee Rivieren › Mata Mata › C 15 › C 17 › Keetmanshoop
>
> **KARTE:** Seite 78
> **DAUER:** 3–4 Tage
> **PRAKTISCHE HINWEISE:**
> • Übernachtungen im Kgalagadi NP müssen gebucht werden › S. 92.

TOUR-START:

Der **Kgalagadi Transfrontier Park** besteht aus einem südafrikanischen und einem botswanischen Teil. Man erreicht ihn von **Keetmanshoop** 10 › S. 90 aus auf der C16, die über Aroab bis zum Grenzübergang bei **Klein Menasse** (200 km) führt.

Nach 100 km erreicht man **Andries-vale**; von dort geht es 60 km nach Norden bis zum Eingangstor des Parks bei **Twee Rivieren.** Über **Mata Mata** darf nur einreisen, wer eine Buchung für mindestens zwei Tage im Schutzgebiet vorweisen kann. Belohnt wird man für die lan-

ge Anfahrt mit roten Dünen, großen Rudeln von Kalahari-Löwen und vorzüglich gepflegten Rastlagern und Wildniscamps. Zwei oder besser drei Übernachtungen im Park sollten Sie einplanen, davon vielleicht eine Nacht in einem der drei gut ausgestatteten Hauptcamps

(Mata Mata, Twee Rivieren und Nossob) und dann die weiteren Nächte in einem der herrlich in die Landschaft eingefügten einfacheren kleinen Camps. Hier hat man die Wahl zwischen Selbstversorgung oder Vollpension, es werden auch Pirschfahrten angeboten.

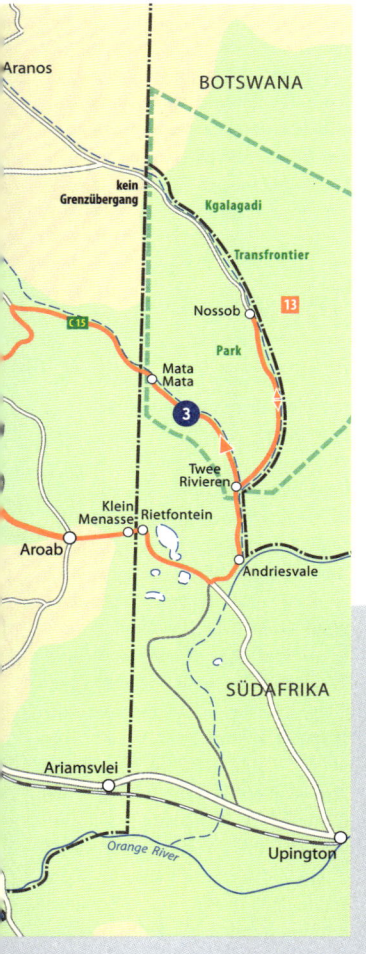

TOUR 4

BOOTSFAHRT AUF DEM ORANGE RIVER

ROUTE: Keetmanshoop > Grünau > Noordoewer (300 km)

KARTE: Seite 78
DAUER: 5 Tage
PRAKTISCHE HINWEISE:
Pkw genügt; Übernachtung in Camps.
Anbieter: Felix Unite River Adventures, Tel. +27/78/3 54 05 78, www.felixunite.com; Amanzi Trails, Noordoewer, Tel./Fax 0 63/29 72 55, amanzitrails.co.za

TOUREN IM SÜDEN

TOUR 3

TIERE IN DER KALAHARI

Keetmanshoop > Aroab > Klein Menasse > Andriesvale > Twee Rivieren > Mata Mata > C 15 > C 17 > Keetmanshoop (510 km, man kann die Strecke auch umgekehrt fahren)

TOUR 4

BOOTSFAHRT AUF DEM ORANGE RIVER

Keetmanshoop > Grünau > Noordoewer (300 km)

TOUR-START:

Von **Keetmanshoop** 10 › S. 90 erreicht man nach knapp 300 km Fahrt auf guter Teerstraße in in südlicher Richtung **Noordoewer**. Wenige Kilometer westlich des Örtchens liegen die Camps der Unternehmen, die Fahrten auf dem Orange River anbieten. Der Fluss hat auf diesem Teilstück Wildwasser I (leicht) oder II (mäßig schwierig) und kann unter Anleitung der Guides auch von Kanu-Anfängern bewältigt werden. Im Preis sind die Ausrüstung (Zwei-Mann-Kanu, Schwimmweste etc.), Führung und sämtliche Mahlzeiten enthalten. Meist nächtigt man im Basiscamp, bevor es am frühen Morgen losgeht. Unterwegs zeigt sich der Orange River mal mit weiten Ufern, an denen Obst und Wein wächst, mal verengt er sich zur Schlucht und Stromschnellen sind zu bewältigen. Antilopen stehen an den Hängen, Paviane klettern im Fels und flinke Klippschliefer huschen in ihre Höhlen. Die Bootstour startet flussabwärts; abends ist das Lager am Ufer bereits hergerichtet, das Essen zubereitet und man kann sich auf den Sternenhimmel konzentrieren. Nach drei Tagen auf dem Fluss geht es per Kleinbus zurück zum Hauptcamp.

UNTERWEGS IM SÜDEN

NAUKLUFT-GEBIRGE 1 🔖 C4

Bis zu 1000 m erhebt sich das schroffe Naukluft-Gebirge über die Hochebene der Namib. Tiefe Schluchten und üppig bewachsene Hochplateaus gliedern den Gebirgsstock, dessen Gipfel bis 2000 m Höhe erreichen. Quellen, ja sogar kleine Wasserfälle lassen vermuten, dass unter den Kalk- und Tuffsteinschichten der Naukluft-Wasserreservoirs aus regenreicheren Jahrtausenden lagern. Zu den typischen Naukluft-Tierarten zählen das Hartmann-Bergzebra, der Leopard und Paviane. Etwa 200 Vogelarten wurden in der Naukluft gezählt. Köcherbäume, Akazien und Balsambäume klammern sich mit ihren Wurzeln an die Felshänge.

Mehrere anspruchsvolle Trekkingtouren führen durch dieses Gebirgsidyll; besonders beliebt und häufig ausgebucht ist der **Naukluft-Trail** (120 km). Auch kürzere Rundtouren sind möglich: der **Olive-Trail** (10 km) und der anstrengendere **Waterkloof-Trail** (17 km). › mehr S. 13 Punkt 10 Wanderer sollten Trittsicherheit und Klettererfahrung mitbringen. Der Eingang zum **Namib-Naukluft-Park** › S. 103 liegt an der C14 zwischen Maltahöhe und Solitaire. Die Buchung des Camps muss frühzeitig im Reservierungsbüro in Windhoek › S. 62 erfolgen. Hier meldet man auch die achttägige Wanderung über den kräftezehrenden Naukluft-Trail an.

Er überwindet große Höhenunterschiede und schwierige Kletterpassagen und kann nur in der kühlen Jahreszeit von Gruppen begangen werden (März–Okt., 3–12 Personen). Im Camp und unterwegs gibt es keine Versorgungsmöglichkeit. Die ausgewiesene 4×4-Strecke für Off-Roader führt auf das Hochplateau, wo ein Rastlager eingerichtet wurde. Am nächsten Morgen kehrt man zum Hauptquartier zurück (tgl. von Sonnenauf- bis Sonnenuntergang geöffnet).

UNTERKÜNFTE

Ababis Gästefarm €€ ▮ C4
Eine der ältesten Farmen im Süden, Zimmer in einem schönen historischen Haus und Nebengebäuden. Es werden u. a. Fahrten zum Sossusvlei angeboten. › mehr S. 12 Punkt **8**
• An der C14 kurz vor Solitaire
  Tel. 0 63/29 33 62 | Fax 29 33 64
  www.ababis-gaestefarm.de

BüllsPort Gästefarm €€ ▮ C4
Angenehme Gästefarm in atemberaubender Landschaft; Reitertrekking und Wanderungen in der Naukluft, Ausflüge nach Sossusvlei.
• An der C14 von Maltahöhe nach Solitaire
  Tel. 0 63/69 33 71
  www.buellsport.com

Naukluft Camp € ▮ C4
Zehn Stellplätze für je bis zu acht Personen; Grillplätze, Pool, und Sanitärtrakt vorhanden, Feuerholz im Büro erhältlich.
• Namibia Wildlife Resorts Ltd.
  Tel. 0 61/2 85 72 00
  reservations@nwr.com.na
  www.nwr.com.na

SOSSUSVLEI **2** ⭐ ▮ C4

Das Sandmeer der Dünen-Namib, ca. 5 Mio. Jahre alt, ist Teil des großen Namib-Naukluft-Parks › S. 103 und zählt seit 2014 zum UNESCO-Welterbe. Inmitten dieser fantastischen Landschaft verläuft das Rivier des Tsauchab, der in guten Regenjahren das Wasser bis zum Sossusvlei bringt und damit dann die Salz-Ton-Pfanne füllt. Abgestorbene Akazien markieren seinen (trockenen) Lauf durch das Dünenmeer. Um das Vlei türmen sich bis zu 350 m hohe Dünen (vom Tsauchab aus gemessen) zu einer fantastischen Wüstenlandschaft.

In der Dünen-Namib leben Springböcke, Schabrackenschakale, Oryxantilopen, zahlreiche Käfer- und Spinnenarten, Geckos und natürlich auch Schlangen und Skorpione. An den Dünenflanken kann man häufig die S-förmigen Spuren der giftigen Zwergpuffotter und das filigrane Raupenmuster erkennen, das Käfer in den lockeren Sand zeichnen.

Vom Eingang zum Namib-Naukluft-Park folgt eine Asphaltstraße dem Lauf des Tsauchab ca. 63 km in das Dünengebiet. Vom ersten Parkplatz sind es weitere 4 km Fußweg bis zum Sossusvlei oder man nimmt den Shuttlebus (180 N$/Person). Unterwegs lohnt ein Halt am »Sossuspoort« (km 24) mit atemberaubendem Blick auf das Sandmeer und an der fotogenen »Düne 45« (km 45). Zufahrt zum Sossusvlei: tgl. von Sonnenauf- bis Sonnenuntergang.

Nur 4 km vom Parkeingang wartet noch eine geologische Besonderheit: Der **Sesriem Canyon** entstand durch Erosion und tektonische Hebungen vor ca. 2 Mio. Jahren. Das Flusstal des Tsauchab wurde zu einem tiefen Einschnitt, die Wände verengen sich nach oben derart, dass stellenweise nur ein 2 m breiter Spalt bleibt. *Ses riem*, sechs aneinander gebundene Riemen, seien nötig gewesen, um mit Eimern Wasser aus der 30 m tiefen Schlucht zu holen.

ÜBERNACHTUNGEN nahe den viel besuchten Sossusvlei-Dünen, ganz gleich ob im Camp, im Hotel oder auf einer Gästefarm, sollten unbedingt lange im Voraus reserviert werden! Generell gilt: Je weiter weg von Sossusvlei, desto günstiger ist die Unterkunft.

UNTERKÜNFTE

Sossusvlei Lodge €€€ 📖 C4
Luxuriöse Hotelanlage. Ein fest gemauerter Vorraum und ein Schlafraum im Zelt bilden die Zimmer. Von allen Zelten herrlicher Blick auf die Wüste. Zur Lodge gehören auch ein auch ein luxuriöses Selbstversorgercamp (www.desertcamp.com) und ein Zeltplatz (www.sossus-oasis.com).
• Am Parkeingang
  Tel. +27/21/9 30 45 64
  www.sossusvleilodge.com

Namib Desert Lodge €€ und
The Desert Grace €€€ 📖 C4
Die Desert Logde ist mit Zimmern in Reihenbungalows recht günstig; das 10 km entfernte The Desert Grace bietet puren

Die Dünen am Sossusvlei zählen zu den höchsten der Welt

Luxus mit Chalets, die jeweils über einen kleinen Pool verfügen.
- 70 km nördlich von Sesriem an der C 19 | Tel. 0 61/42 72 00 www.gondwana-collection.com

Sesriem Campsite €−€€ ▌ C 4
Ein kleines Camp, dessen Lagerplätze Elektroanschluss und eigenen Wasserhahn haben.
- Namibia Wildlife Resorts Ltd. Am Parkeingang | Tel. 0 61/2 85 72 00 www.nwr.com.na

NAMIB RAND NATURE RESERVE 3 ▌ C 5

Das private Schutzgebiet südlich war einst eine Wüstenei ohne Grasnarbe, sodass auch Antilopen es schwer hatten, zu überleben. Durch den Aufkauf von Farmland und Zusammenschluss weiterer Farmen entstand in den 1980er-Jahren ein Reservat mit einer Ausdehnung von 200 000 ha. In langen Jahren wurde dafür gesorgt, dass die Natur sich wieder erholen konnte. Wer heute auf der Hauptpiste durch das Gebiet streift, sieht am Wegesrand große Antilopenherden und oft auch Giraffen und Zebras.

Ein Aufenthalt in einer der Lodges auf Namib Rand ist nicht billig. Das Schutzgebiet finanziert sich als Non-Profit-Organisation vom Tourismus, und um die Auswirkungen des Aufenthaltes von Menschen auf die Natur gering zu halten, ist genau festgelegt, wie viele Übernachtungen im Jahr pro Gebietsfläche zulässig sind. Allerdings erhält man für

sein Geld 5-Sterne-Leistung mit allem nur erdenklichen Luxus.

Auf Tagestouren von den Lodges aus erlebt man Namibia so, wie es war, als es noch keine Farmhaltung in abgesteckten Arealen gab und die Menschen mit ihrem Vieh von Ort zu Ort zogen und der Natur Zeit zur Regeneration ließen.

UNTERKUNFT
Namib Rand Nature Reserve €€€ ▌ C 5
Zu den exquisiten Unterkünften der Wolwedans Collection gehören u. a. die Dunes Lodge und das Dune Camp auf roten Dünen sowie das Boulders Camp inmitten von Granit (www.wolwedans.com). Mehrtägige Wanderungen führen Tok Tokkie Trails durch (www.toktokkietrails.com).
- P.O. Box 40707 | Windhoek Tel. 0 61/23 06 16 www.namibrand.com

SCHLOSS DUWISIB 4 ▌ C 5 ⭐

Das romantische Schloss Duwisib ist ein Kleinod deutscher Kolonialarchitektur. Auch wenn man sich nach dem Besuch Windhoeks an den Anblick von Kolonialbauten im Südwesten Afrikas gewöhnt hat, wirkt das Schloss wie eine Fata Morgana. › mehr S. 15 Punkt 25

Die turm- und zinnenbewehrte Burg steht leicht erhöht in einer wüstenhaften, hügeligen Landschaft. Palmen wachsen vor dem rotbraunen Sandsteingebäude mit neogotischen Spitzbögen und neoromanischen Säulen und Erkern. Durch den Rittersaal gelangt man in die üppig ausgestatteten Privaträume (tgl. 8–17 Uhr; Eintritt). Hansheinrich von Wolf, 1873 in Dresden geboren, hatte 1904 den Herero-Aufstand mitbekämpft und war 1907 mit seiner Frau nach Südwestafrika zurückgekehrt, um hier mit allerlei Schlichen ein riesiges Stück Land (120 000 ha) zu erwerben.

Architekt Wilhelm Sander baute das »Farmhaus«. Von Wolf selbst lebte nur fünf Jahre in der afrikanischen Burg. 1914 verließ er Südwestafrika und fiel 1916 im Ersten Weltkrieg. Seine Frau kehrte nicht mehr nach Duwisib zurück.

UNTERKÜNFTE

Gästefarm Duwisib €€ 🔖 C5
Familiär gehaltene Unterkunft mit komfortablen Zimmern, Verkauf von Farmprodukten, z. B. Stachelbirnenkonfitüre.
• Direkt neben dem Schloss Duwisib
  Tel. 0 63/29 33 44
  www.farmduwisib.com

Camp Duwisib € 🔖 C5
Unterhalb des Schlosses gelegene, einfache kleine Campsite; Wasseranschluss ist vorhanden.
• Namibia Wildlife Resorts Ltd.
  Tel. 0 61/2 85 72 00
  reservations@nwr.com.na
  www.nwr.com.na

TIRASBERGE 5 🔖 C5

125 000 ha umfasst das Hegegebiet Tirasberge. Das private Reservat besteht aus mehreren Farmen, die sich aus Naturschutzgründen zusammengeschlossen haben › S. 85. Auf Dünen- und Bergfahrten, bei Farmrundfahrten und geführten Vogel- und Wildbeobachtungen oder Dünenspaziergängen mit fachkundigen Informationen zu Pflanzen wie Sukkulenten und Köcherbäumen kommt keine Langeweile auf. Auch eine Straußenfarm und Felsmalereien können besichtigt werden. Die Farmen Gunsbewys, Tiras, Landsberg und Koiimasis empfangen Besucher ebenso wie das Namtib Biosphärenreservat.

Das Straßendorf **Helmeringhausen** 🔖 C5 östlich der Tirasberge besitzt ein originelles Freiluftmuseum, das historische Arbeits- und Transportmittel der Farmer ausstellt.

In **Bethanie** 🔖 C5 auf dem Weg von Helmeringhausen nach **Keetmanshoop** › S. 90 steht die älteste Missionsstation Namibias, das **Schmelenhaus**, etwas abseits der Straße zwischen Palmen. Das Bruchsteinhaus wurde 1814 vom Missionar Heinrich Schmelen errichtet. Er war einer Gruppe des Nama-Volkes von ihren Weidegebieten am Kap hierher gefolgt. 1883 wurde im zweiten historisch bedeutsamen Gebäude von Bethanien, dem Joseph-Frederick-Haus, ein Vertrag geschlossen, der für die weitere Entwicklung Südwestafrikas von entscheidender Bedeutung war: Er besiegelte den ersten Landverkauf eines Führers der Nama (die Privatbesitz von Land nicht kannten) an Adolf Lüderitz.

UNTERKÜNFTE

Helmeringhausen Hotel €–€€ 🔖 C5
Gepflegtes mittelgroßes und ruhiges Hotel im Ort mit Garten, Pool und Campingplatz.

- Helmeringhausen | Tel. 0 63/28 33 07
www.helmeringhausennamibia.com

Tiras Mountains Conservancy €–€€
Die Farm **Numis** (etwa 20 km abseits der
C 13 an der D 707) liegt am Rand der Tirasberge an Dünen (4x4 zur Anfahrt notwendig) und verfügt über Zeltplätze.
Camping, Chalets und ein Gästehaus bietet
die Farm **Tiras** (an der C 13, 8 km nördl. des
Abzweigs der D 707).
Den Zeltplatz und die Chalets von **Koiimasis** (von der C 27 kommend auf die D 707
abbiegen und nach 56 km Richtung Osten
abbiegen, dann noch 20 km) ergänzt ein
Restaurant mit Bar und Pool.
Die Farm **Landsberg** steht für Aktivitäten
offen, Selbstfahrer können Wanderungen
auf dem Plateau unternehmen und Sukkulenten bestaunen.
- www.tirasberge.de, alle ▮ C 5

Namtib Biosphärenreservat
€–€€ ▮ C 5
17 000 ha große Farm in den Tirasbergen
mit familiärer Betreuung, Unterbringung
in Gästezimmern und auf dem Zeltplatz.
Aktivitäten wie Wanderungen und Allrad-
touren. › mehr S. 15 Punkt ㉔
- 47 km abseits der C 13 auf der D 707
nach Westen | Tel. 0 63/68 30 55
www.namtib.net

AUS ▮6▮ ▮ C 5

Durch die südlichen Ausläufer der
Rooirandberge geht es nun nach
Westen und bergab in die Ortschaft
Aus. Traurige Berühmtheit erlangte
Aus als Standort eines Internie-
rungslagers für deutsche Kriegsge-
fangene 1915; nur noch Spuren der
Lagerfundamente erinnern daran.

Kurz hinter Aus passiert die B 4
die Grenze zum Tsau-IIKhaeb-
(Sperrgebiet)-Nationalpark,
in dem DAS VERLASSEN DER
HAUPTSTRASSE NICHT ER-
LAUBT IST.

Mit etwas Glück kann man hier eines der seltenen, berühmten, wild
lebenden Namib-Pferde sichten.
Die Nachkommen südafrikanischer
Soldatenpferde haben sich der ariden Umgebung recht gut angepasst.
Auch Oryxantilopen, Springböcke
und Strauße sind auf den Ebenen
heimisch.

UNTERKUNFT
**Gondwana Sperrgebiet Rand Park/
Klein Aus Vista** €–€€€ ▮ C 5
Die herrlich am Rand des Tsau-IIKhaeb-
(Sperrgebiet)-Nationalpark gelegene
Lodge bietet diverse Unterkunftsmög-
lichkeiten: Zeltplatz, Schlafsaal, Luxus-
chalets mit Nachbarschaft zu Adlern so-
wie bestens ausgestattete Zimmer mit
Kolonialmöbeln im Haupthaus. Wander-
möglichkeiten vorbei an historischen
Befestigungsstellungen, Mountainbiking,
Reitausflüge durch herrliche Wüstenland-
schaft.
- P.O. Box 25 | Aus | Tel. 0 63/25 80 21
www.klein-aus-vista.com

LÜDERITZ ▮7▮ ▮ C 5

Auf Initiative des Bremer Kaufmanns Adolf Lüderitz wurde die
Stadt (15 000 Einw.) 1883 in einer
Bucht gegründet. Das Land erwarb
Lüderitz' Abgesandter Heinrich Vogelsang von den Or-laam-Nama. Ab
der Wende vom 19. zum 20. Jh. ver-

halfen die Diamantenfunde in der Umgebung Lüderitz zur ersten, wenngleich kurzen Blüte, denn schon ab 1930 konzentrierte sich die Förderung der Edelsteine auf die Region um Oranjemund. Lüderitz versank wieder in Dornröschenschlaf, die mondäne Diamantensiedlung Kolmanskop im Wüstensand.

Eine Renaissance erlebt Lüderitz mit dem wachsenden Tourismus in Namibia, denn das wilhelminische Architekturensemble am kalten, eisblauen Atlantik ist eines der beliebtesten Ziele v. a. deutscher Besucher. Lüderitz' Prestigeprojekt, die 2000 eröffnete Waterfront nach Kapstädter Vorbild (allerdings im Westentaschenformat), lockt mit einigen Kneipen und Läden.

Lüderitz besteht aus einem historischen Zentrum und zwei Siedlungen für Farbige, Nautilus und Benguela. Ein kleines Industriegebiet zieht sich am Hafen entlang nach Norden. Eine wirtschaftliche Perspektive erhofft sich die Stadt von den Erdgas- und Diamantenfunden vor der Küste südwestlich des Ortes.

HISTORISCHES ZENTRUM

Giebel, Erker, deutsche Ladenschilder, Cafés und Restaurants prägen in Lüderitz noch stärker als in Swakopmund das Ortsbild. Zu den markantesten Bauten in typischem Kolonialstil gehören die **Felsenkirche** von 1912, das **Goerke-Haus** in der Diamantberg Street, Magistratsresidenz genannt und das **Woermann-Haus** in der Hafen Street (Mo–Fr 14–16, Sa/So 16–17 Uhr).

Den **Jugendstilbahnhof** von 1913 an der Bismarck-/Ecke Bahn-

Vorbildlich renovierte Kolonialarchitektur in Lüderitz, die Felsenkirche im Hintergrund

hof Street erkennt man als solchen erst auf den zweiten Blick: Bei flüchtigem Hinsehen hält man ihn für ein normales Wohnhaus. Einen schönen Blick auf die Stadt und den Hafen hat man von der Halbinsel **Shark Island.** Zwei- bis dreistündige Törns mit einem Katamaran zum **Diaz Point** runden den Lüderitz-Besuch ab (Lüderitz Safaris & Tours, s. u.).

INFO
Lüderitz Safaris & Tours
• Bismarck Street
  Tel. 0 63/20 27 19 | Fax 20 28 63
  ludsaf@africaonline.com.na
  luderitzsafaristours.wheretostay.na

UNTERKÜNFTE
Nest Hotel €€€
Modernes, elegantes Hotel; ruhig und direkt am Wasser gelegen, im Innenhof geschützter Pool, gutes Fischrestaurant. Mit Privatstrand und Wellness Center.
• Diaz Street
  Tel. 0 63/20 40 00 | Fax 20 40 01
  www.nesthotel.com

Alte Loge €€
Gemütlich eingerichtetes Gästehaus mit fünf Zimmern und schönem Garten.
• Mabel Street
  Tel. 0 81/636 74 85
  www.historisches-ferienhaus-namibia.de

Zum Anker €€
Vier Apartments zur Selbstversorgung im Zentrum.
• 299 Bulow Street | Lüderitz
  Tel. 0 81/129 43 90
  www.zumanker-luderitz.com

Backpackers Lodge €
Einfache, aber geschätzte Unterkunft mit Grillplatz.
• 2 Ring Street | Lüderitz
  Tel. 0 63/20 20 00
  www.luderitzbackpackers.weebly.com

Kratzplatz €
Saubere Zimmer bzw. Apartments. Gemütliches Bar-Restaurant.
• Nachtigall Street | Lüderitz
  Tel. 0 63/20 24 58
  www.kratzplatz.info

RESTAURANT
Diaz Coffee Shop, Oyster & Winebar €€
Im Ort gibt's bei Diaz Kaffee und Kuchen sowie einen Biergarten und in der Oyster Bar köstliche, frische Austern. > mehr **S. 14 Punkt ⓮**
• 25 Diaz Street | Lüderitz
  Tel. 0 81/700 04 75

AUSFLÜGE

KOLMANSKOP 🟧8 ⭐4 ▪C5
Kolmanskop, die verlassene Diamantenstadt, haben Sie bereits bei der Anfahrt auf der B8 passiert. Eine Besichtigung organisiert Lüderitz Safaris & Tours > S. 86. Dort bekommt man auch Besuchs-Permits. Sachkundige deutsch- und englischsprachige Führungen durch die teils vom Sand verschütteten Häuser finden täglich statt. Nicht versäumen: den wiederhergestellten Ballsaal mit Turngeräten und die Kegelbahn.

DIAZ-KREUZ ▪C5
Das Diaz-Kreuz war das erste *padrão*, das portugiesische Seefahrer an der Küste Südwestafrikas errichte-

ten. Seine Lage auf schwarzem Felsgestein über dem Atlantik lohnt die 20 km Fahrt um die Lüderitzbucht.

INS SPERRGEBIET ▮ C6

Mit dem eigenen Geländewagen und unter fachkundiger Führung fährt man mehrere Tage in die Namib zu Schiffwracks und alten Diamantensucherlagern (Buchungen über Coastways Tours, Lüderitz, Tel. 0 63/20 20 02, www.coastways. com.na).

FISH RIVER CANYON 9 5 ▮ D6

Am schönsten nähert man sich dem Fish River Canyon von Norden her. Auf der B 4 bis Seeheim und weiter auf der C 12 und der D 601 nach Süden gelangt man von **Keetmanshoop** › S. 90 ins Herz dieses Naturwunders. An den Aussichtspunkten über dem Canyon eröffnen sich atemberaubende Panoramen. Der erste Viewpoint ist etwa 105 km hinter Seeheim erreicht. Davor erhält man am staatlichen Camp Hobas das Permit für den Besuch des Naturschutzgebiets. Tektonische Bewegungen verursachten einen nord-südwärts verlaufenden Riss im Hochplateau, der vor etwa 300 Mio. Jahren durch Gletscher und schließlich durch den Fluss ausgewaschen und vertieft wurde. Deutlich ist an manchen Stellen der Schlucht zu erkennen, dass sie eigentlich aus zwei Abschnitten besteht: dem höher gelegenen, der den Erdbewegungen zuzuschreiben ist,

und dem unteren Teil, der durch die Erosion entstand.

Heute plätschert der Fish River durch seinen durchschnittlich 500 m tiefen und 161 km langen Canyon meist wie ein zahmes Bächlein; sein Wasser wird am Hardap Dam › S. 93 gestaut. Unweit des nördlichen Aussichtspunktes führt ein steiniger Pfad hinab auf den Boden der Schlucht; doch darf man nur im Rahmen einer Wanderung durch den Canyon hinuntersteigen.

Ein Blick nach unten erfasst Gesteinsschichten, die bis zu 1,8 Milliarden Jahre in der Erdgeschichte zurückreichen: So alt sollen die dunklen, am tiefsten gelegenen metamorphen Gesteine sein. Lavaeinschlüsse (Dolorit) zeichnen schwarze, vertikale Linien an die Wände der Schlucht. In der Namaschicht liegen Sedimente, die vor 650 Mio. Jahren abgelagert wurden, als Südnamibia von Wasser bedeckt war; ihr folgen Kalk- und Sandstein sowie Schiefer, jede Lage wie mit dem Lineal gezogen über der anderen.

UNTERKÜNFTE

Ai-Ais Rastlager €–€€€ ▮ D6
Das Thermalbad (ai-ais ist Khoi-khoi und bedeutet »siedend heiß«) am Ende der Schlucht ist eine Oase in der Wüstenlandschaft und besitzt zusammen mit dem südafrikanischen Richtersveld-Gebiet den Status eines Transfrontier Parks. Riedgras, Bäume, ein warmer Pool mit schwefelhaltigem Thermalwasser und ein originell gestaltetes Hallenbad machen Ai-Ais zu einem angenehmen Zwischenstopp im Süden des Canyon.

DIE FISH-RIVER-WANDERUNG

Trekking im Fish River Canyon erfordert Kondition

Die etwa 85 km lange Wanderung durch den Canyon des Fish River zählt zu den großen Verlockungen, die Namibia Trekking-Freunden zu bieten hat. Sie darf nur von Mitte März bis Ende Oktober unternommen werden, dauert etwa fünf Tage und wird von der Naturschutzbehörde nur genehmigt, wenn man ein ärztliches Attest (nicht älter als 40 Tage!) vorlegen kann und die Gruppe aus mindestens drei Wanderern besteht. Die Tour ist sehr beliebt, daher rechtzeitig beim Reservierungsbüro in Windhoek anmelden!

Größere Steigungen sind nur am Ausgang zu überwinden, doch der Weg ist steinig und stellt hohe Anforderungen an Schuhwerk und Kondition. Immer wieder muss der Fluss gequert werden, der im Winter aber nur wenig Wasser führt. Mittags können die Temperaturen in der Schlucht auf bis zu 40 °C ansteigen.

Auf halbem Weg bietet sich an der Schwefelquelle die Möglichkeit, die Wanderung auf einem »Notausstieg« vorzeitig abzubrechen.

Die typischen Vertreter der Flora sind die bizarren Köcherbäume und die feenhaften Kandelabereuphorbien; wie eine Fata Morgana muten die Dattelpalmen an der Schwefelquelle an. Neben Klippspringern und Pavianen sieht man auch Kudus, Hartmann-Bergzebras und Leoparden. Bekannt ist der Canyon für seinen Fisch- und Vogelreichtum.

Wer angeln möchte, kann bei der Verwaltung des Naturparks in Hobas oder Ai-Ais ein Angel-Permit beantragen.

Da es in der Schlucht keinerlei Versorgungsmöglichkeiten gibt, gehören Proviant, Campingausrüstung und ein Kocher ins Gepäck. Es versteht sich von selbst, dass man die Abfälle auch wieder mitnimmt.

- Namibia Wildlife Resorts Ltd.
  Tel. 0 61/2 85 72 00
  www.nwr.com.na

Canyon Park €–€€€  D6

Das private Naturschutzgebiet östlich des Fish River Canyons bietet eine perfekt zwischen Granitfelsen eingepasste, komfortable Lodge, ein »rustikales Roadhouse, ein »Village« mit 24 reetgedeckten, geräumigen Bungalows samt Biergarten sowie Camping für Selbstversorger. Vom Canyon Park wird die Region zu Fuß, im Pferdesattel oder bei Pirschfahrten erkundet.

- Tel. 0 61/42 72 00
  www.gondwana-collection.com

Hobas Campsite € D6

Zehn Stellplätze, Laden und Pool. Hobas ist der Startpunkt für die Trekkingtour durch den Canyon.

- Namibia Wildlife Resorts Ltd.
  Tel. 0 61/2 85 72 00
  www.nwr.com.na

KEETMANSHOOP 10 D5

Mehrere historische Bauten schmücken das schöne Stadtzentrum der geschäftigen Kleinstadt (25 000 Einw.), die bei ihrer Gründung 1866 zunächst den Namen Swartmodder trug. Zu den attraktiven Gebäuden zählt das Kaiserliche Postamt, in dem heute die Touristeninformation untergebracht ist. Wie dieser Bau ist auch die Klipkerk aus Granitsteinen aus der Umgebung errichtet; in der ehemaligen Kirche der Rheinischen Mission am San Nujoma Drive zeigt ein Museum zur Lokalgeschichte unter anderem ein typisches Mattenhaus der Nama

Der Köcherbaumwald ist eines der Nationaldenkmäler Namibias

(Mo–Do 7.30–12.30 und 13.30 bis 16.30 Uhr, Fr nur bis 16 Uhr).

INFO

Southern Tourist Information
- Hampi Plichta Avenue | Tel. 0 63/22 12 66
  tourism@keetmansmunicipality.org.na

UNTERKÜNFTE

Quiver Inn Guesthouse €€
Elegant eingerichtete Zimmer mit kleiner
Küche und allem Komfort.
- 8 Pastorie Street | Keetmanshoop
  Tel. 0 81/855 38 35
  www.quiverinnguesthouse.com

Bird's Nest B & B €–€€
Schwesterhotel des Bird's Mansions. Gute
Adresse, einfach und zweckmäßig.
- Pastorie Street | Keetmanshoop
  Tel. 0 63/22 29 06
  www.birdsaccommodation.com

Central Lodge €€
Modernes Haus mit engagierten Besitzern,
Garten, Pool und Restaurant.
- 5th Street | Keetmanshoop
  Tel. 0 63/22 58 50
  www.central-lodge.com

Quivertree Forest Campsite €–€€
Bungalows und Zeltplatz in einem
Köcherbaumwald.
- 22 km nordöstl. von Keetmanshoop
  Tel. 083/768 34 21
  www.quivertreeforest.com

Mesosaurus Park Campsite €
Übernachten in Zelten oder Bungalows
(nur Selbstversorgung), geführte Touren.
- Anfahrt siehe Köcherbaumwälder
  Tel. 0 63/68 36 41
  www.mesosaurus.com

AUSFLÜGE

KÖCHERBAUMWÄLDER 11 6 ▮ D5

15 km nordöstlich von Keetmanshoop führt ein Hinweisschild zum Köcherbaumwald (Kokerboom Forest) und dem Giants' Playground (C 29 in Richtung Koës).

Am schönsten zeigen sich die bizarren Aloen im Licht der untergehenden Sonne, die ihre rissige, gelbe Rinde wie Gold erstrahlen lässt. Die endemischen Köcherbäume wachsen an vielen Stellen in Namibia, doch dieser dichte Wald mit seinen schönen alten Exemplaren wurde mit dem Status eines Nationaldenkmals geadelt. **Giants' Playground,** Spielplatz der Riesen, heißt ein wildes Felsgetürm nahe der Bäume, das die Frühzeit der Erdgeschichte zum Leben erweckt. Vor 180 Mio. Jahren entstand das offen liegende Doloritgestein durch Eindringen der geschmolzenen Lava in Karoo-Schichten. Erosion und Auswaschung legten die Doloritstöcke in Millionen von Jahren frei.

Weitere 20 km Richtung Osten sieht man im **Mesosaurus Park** versteinerte, bis zu 35 cm lange Reptilien, die vor 300 Mio. Jahren im Wasser lebten und noch etwa 5000 Köcherbäume.

ZUM ORANGE RIVER 12 ▮ D6

Der Grenzfluss zu Südafrika fließt knapp 300 km südlich von Keetmanshoop nach Westen zum Atlantik und mäandert als eine teils weit geöffnete, teils zur Klamm verengte Schlucht. Zumindest bis zur Einmündung des Fish River kann man mit dem Auto zu jeder Jahreszeit fahren. Während der Regenzeit ist hier meist Schluss, ansonsten kann man weiter nach Norden über die Bergbausiedlung Rosh Pinah bis nach Aus vorstoßen. Obstplantagen und Weinberge sind auf der Pistenfahrt entlang des Ufers ständige Begleiter. Der Orange River fließt ganzjährig und sorgt für eine gute Bewässerung.

KGALAGADI TRANS-FRONTIER PARK 13 ▮ E4/5

3,6 Mio. ha bedeckt das Schutzgebiet im Herzland der Kalahari. Rote Dünen, Salzpfannen und die Trockenflüsse Auob und Nossob bestimmen das Landschaftsbild. Kameldornbäume wachsen zwischen den mit spärlicher Grasnarbe bedeckten Dünenkämmen. In ihrem Schatten bringen Antilopen, Giraffen und die Kalahari-Löwen die Mittagshitze zu. Die schwarzmähnigen Löwen sind eines der Highlights des Parks. Fast mit Sicherheit begegnet man ihnen auf der Pirschfahrt und mit etwas Glück kann man sie frühmorgens bei der Jagd beobachten.

Im Park liegen drei Hauptcamps: Mata Mata an der Grenze zu Namibia, Twee Rivieren am südlichen Eingang, wo die botswanische Grenze anstößt, und Nossob in der Mitte des Parks. Mehrere Wilderness Camps für Selbstversorger sind im ganzen Schutzgebiet verteilt. Da das Schutzgebiet als grenzübergreifender Park geführt wird, darf man ohne Grenzformalitäten auf die botswanische Seite wechseln, muss den Park jedoch über das Land verlassen, aus dem man zuvor eingereist ist.

Die Einfahrt von Mata Mata aus ist nur mit einer Buchung für mindestens zwei Tage erlaubt.

UNTERKUNFT

Kgalagadi Transfrontier Park €–€€€
Drei Hauptcamps mit Chalets, Restaurant, Laden, Zeltplatz und Pool, mehrere Wilderness Camps (kein Camping) für Selbstversorger sowie ein Luxuscamp.
• Central Reservations (Pretoria)
Tel. +27/12/4 28 91 11
www.sanparks.org
Mo–Fr 7.30–17 Uhr, Sa 8–13 Uhr

MARIENTAL 14 📖 D4

Das Farmerstädtchen Mariental (12 300 Einw.) ist ein Zentrum der Straußen- und Schafzucht. Im Osten beginnen die gleichmäßig hintereinander gestaffelten Dünenrücken der Kalahari.

UNTERKUNFT

Kalahari Anib Lodge €€
Herrlich in den roten Kalahari-Dünen gelegene Lodge mit afrikanisch inspirierter Einrichtung und einem sehr guten Restaurant mit südafrikanischer Küche; großer Wildbestand auf der Farm. Wanderwege vorhanden. ▸ mehr S. 16 Punkt 29
• 30 km nordöstl. von Mariental
  Tel. 0 61/42 72 00
  www.gondwana-collection.com

AUSFLUG ZUM HARDAP DAM 15 📖 D4

Etwa 25 km nordöstlich von Mariental entstand dieses Erholungsgebiet: Der gestaute Fish River bildet das mit 25 km² größte Wasserreservoir Namibias. An den Ufern kann man angeln, wandern und Wild beobachten. An Wochenenden und in den Ferien ist hier viel Betrieb.

UNTERKUNFT

Hardap Resort €–€€
Das Resort ist ein größeres staatliches Rastlager mit Zeltplatz sowie Bungalows.
• Nam. Wildlife Res. | 10 km nördl. von Mariental und 6 km abseits der Hauptstraße
  Tel. 0 61/285 72 00 | www.nwr.com.na

Höhepunkt eines Game drives ist die Begegnung mit Löwen

DER WESTEN

Flamingos in der Lagune
vor Walvis Bay

Karte S. 99

Zwischen der heißen Namib-Wüste und dem kalten Atlantik mit seinen Tierkolonien ist reichlich Abwechslung geboten: Felsmalereien am Erongomassiv, die Spitzkoppe und die unterschiedlichen Küstenstädte Swakopmund und Walvis Bay.

Die Namib erstreckt sich in einem 100–200 km breiten Gürtel zwischen Atlantik und Randstufe vom Orange River im Süden bis über den Kunene nach Angola im Norden. Im Süden besteht die Wüste aus Geröll- und Sandebenen sowie hohen Sanddünen, nach Angola hin wird sie zunehmend gebirgig. Vom Atlantik bis zu 100 km ins Landesinnere reicht die klimatisch vom Benguelastrom bestimmte Nebelwüste.

Die Entstehung der Namib – sie gilt als die älteste Wüste der Welt – geht auf eine Zeit vor etwa 4 Mio. Jahren zurück, als Erosion Gestein zu Sand rieb, Winde die feinen Körner auftürmten, Flüsse den Sand ins Meer spülten und Strömungen ihn an der ganzen Küste verteilten, wo er wieder der Kraft des Windes ausgesetzt war.

Überwindet man die Randstufe über das Khomas-Hochland, ist die Landschaft von zunehmend sanfteren Hügeln und Geröllebenen geprägt, doch immer stehen Berge, einsame Gipfel und ganze Gebirgsketten am Horizont.

Das **Erongomassiv** grenzt bei **Karibib** und Usakos an die Hauptstraße zur Küste. Es bildet einen weiten Krater, in dem die San ihre Felsmalereien hinterlassen haben und in dem heute Farmer zwischen bizarren Gesteinsformationen Rin-

der züchten. Das Städtchen **Omaruru** an der nördlichen Flanke des Erongo hat sich zum Künstlertreffpunkt entwickelt.

Weiter nach Westen ragen in der Ferne die Gipfel der Kleinen und Großen **Spitzkoppe** auf; bei Bushman's Paradise an der Großen Spitzkoppe gilt es hoch oben Felsritzungen zu entdecken.

Unmerklich fällt die Straße durch die Namib zum Atlantik hin ab. Kurz vor Swakopmund liegt abseits der Pad die **Rössing-Mine,** größter Uranlieferant der Welt. **Swakopmund** brilliert mit Kolonialbauten, dem Leuchtturm und dem Swakopmund Musem. Und in der heißen Jahreszeit lockt es Sommerfrischler zu Strandspaziergängen an der kühlen Atlantikluft.

An Dünen und der Küste entlang erreichen Sie das moderne **Walvis Bay,** Namibias größten Hafen. Auf Bootsausflügen in der Lagune können Sie dort Flamingos, Kormorane, Pelikane, Robben und Delfine beobachten.

Auf einer Salzstraße geht es von Swakopmund nach Norden durch den **Dorob National Park** zur Robbenkolonie bei **Cape Cross** und weiter in den lebensfeindlichen **Skeleton Coast Park.** Entlang der Pisten ins Landesinnere ranken sich zerfleddert die Blätter der *Welwitschia mirabilis.*

TOUREN IN DER REGION

Im Westen genügt ein Pkw, denn die Hauptstrecken verlaufen auf Asphalt. Nur die Stichstraßen zu Farmen, in das Erongomassiv und zur Spitzkoppe sind gut befestigte Pisten. In der Namib sind einige der genehmigungspflichtigen Strecken um Swakopmund nur mit einem Allradfahrzeug zu bewältigen, diese Pisten lassen sich aber leicht umgehen.

ZU DEN DINOSAURIER-FUSSSPUREN

ROUTE: Omaruru > Kalkfeld > Dinosaurier-Fußspuren (Farm Otjihaenamaparero)

KARTE: Seite 98
DAUER: 1–2 Tage
PRAKTISCHE HINWEISE:
• Pkw genügt; Zimmer und Campingplatz auf der Gästefarm Dinosaurs Tracks, Tel. 0 81/4 62 29 83, www.dinosaurstracks.com, €€; geringe Eintrittsgebühr

TOUR-START:
Folgen Sie den Schildern »Dinosaur's Tracks«: 29 km südöstlich von Kalkfeld (D 2414, Piste), das man von **Omaruru** ▮1▮ > S. 100 auf 70 km Asphalt in Richtung Norden

erreicht, sind auf dem Gelände der Farm Otjihaenamaparero Fußspuren von Dinosauriern so hervorragend im hier vorherrschenden rötlichen Sandstein erhalten, dass sie unwillkürlich Assoziationen an Spielbergs Film »Jurassic Park« wecken. Doch keine Sorge! Die Urviecher haben ihre dreizehigen Abdrücke vor 219 Mio. Jahren hinterlassen. Es gibt zwei unterschiedliche Spurenfolgen; eine stammt von einem Megapnosaurus (2 m lang, 15 kg schwer), die andere von einem Ceratosaurus (6 m lang, 2 t schwer). Die Tour ist ab Omaruru an einem Tag, gemütlicher in zwei Tagen, zu schaffen.

IN DIE NAMIB-WÜSTE

ROUTE: Kuiseb Canyon > Zebra Pan > Carp Cliff > Ganab > Blutkuppe > Klein Tinkas > Archers Rock > Groot Tinkas > Swakopmund

KARTE: Seite 98
DAUER: 1–2 Tage
PRAKTISCHE HINWEISE:
• Am besten mit Vierradantrieb. Die Genehmigung für die Abstecher in die Namib erhält man bei der Naturschutzbehörde in Windhoek oder in Swakopmund.

TOUR-START:

Der Weg von Windhoek nach Swakopmund oder Walvis Bay durch den knapp 200 km breiten Streifen der Namib auf einer der Hauptrouten ist wenig aufregend. Folgt man aber den genehmigungspflichtigen Abstechern nach Norden und Süden in dieses ökologisch so fragile Terrain, trifft man auf Oasen, bizarre Gesteinssskulpturen und mit etwas Glück auch auf wüstenangepasste Tiere wie Oryx und Strauß.

Rund 60 km westlich des **Gamsberg-Passes** › S. 72 erreicht man den **Namib-Naukluft-Park** › S. 103 und wenig darauf einen landschaftlichen Höhepunkt der Wüsten-Namib: die von Nordost nach Südwest verlaufende, tiefe Schlucht des **Kuiseb Canyon,** die als Zufluchtsort des Geologen Henno Martin berühmt wurde. Die aus Naukluft- und Dünen-Namib bekannten Tiere und Pflanzen leben auch hier: Antilopen, Zebras, Schakale, Hyänen etc. Zu typischen Vertretern der Flora gehören Köcherbäume und Akazien, Flechten sowie die endemischen Namib-Pflanzen Nara und Welwitschia. In Küstennähe beziehen Pflanzen und auch viele Insekten Feuchtigkeit aus den großen Nebelbänken, die sich, vom Meer her kommend, bis zu 30 km weit ins Festland erstrecken können.

Eine etwa dreistündige, auch mit Pkw durchführbare Erkundungsfahrt beginnt auf der C 14 (150 km östlich von Walvis Bay), die, von Solitaire kommend, zunächst den malerischen **Kuiseb Canyon** passiert. Nach etwa 40 km zweigt eine Piste nach Süden zur **Zebra Pan** (26 km) ab, wo häufig Steppenzebras beobachtet werden können. In nördliche Richtung führt diese Piste von der C 14 zum **Carp Cliff,** einem Aussichtspunkt über dem Kuiseb Rivier, und weiter nach **Ganab,** wo ein einfacher Rastplatz wartet. Etwa 35 km weiter nach Norden trifft die Pad auf das Rastlager an der **Blutkuppe,** ein friedliches Plätzchen am Fuße eines eigenartig geformten Granitkegels. Das rot geäderte Gestein dieses Inselberges leuchtet in der Morgen- und Abenddämmerung blutrot. Relativ einfach ist ein Aufstieg auf den Rücken des 1152 m hohen Bergs von der Südseite aus. Zwei Gräber von Soldaten der Schutztruppe in **Klein Tinkas,** der Felsbogen **Archers Rock** und eine beim Wild beliebte Wasserstelle in **Groot Tinkas** sind weitere Attraktionen entlang der Strecke.

Luftaufnahme vom Kuiseb Canyon

TOUREN IM WESTEN

TOUR 5

ZU DEN DINOSAURIER-FUSSSPUREN

Omaruru › Kalkfeld › Dinosaurier-Fußspuren (Farm Otjihaenamaparero)

TOUR 6

IN DIE NAMIB-WÜSTE

Kuiseb Canyon › Zebra Pan › Carp Cliff › Ganab › Blutkuppe › Klein Tinkas › Archers Rock › Groot Tinkas › Swakopmund

TOUR 7

FLUGSAFARI IN DEN SKELETON COAST PARK

Windhoek/Swakopmund › Cape Cross › Terrace Bay › Nationalpark Skelettküste

Von der Blutkuppe fährt man 11 km zur Kreuzung auf der C 28 zurück und folgt dieser nach **Swakopmund** › S. 104. Die **Campingplätze** in Mirabib, Ganab, an der Blutkuppe und am Vogelfederberg sind einfache Rastlager (Permits u. a. bei Namibia Wildlife Resorts › S. 62). › mehr S. 12 Punkt **7**

FLUGSAFARI IN DEN SKELETON COAST PARK

> **ROUTE:** Windhoek/Swakopmund › Cape Cross › Terrace Bay › Skeleton Coast Park
>
> **KARTE:** Seite 98
> **DAUER:** 3–4 Tage
> **PRAKTISCHE HINWEISE:**
> • Viele Veranstalter bieten Fly-in-Safaris an. Zu den traditionsreichsten Unternehmen gehört Skeleton Coast Safaris, Tel. 0 61/ 22 42 48, P.O. Box 2195, Windhoek, www.skeletoncoastsafaris.com.

TOUR-START:

Erst vom Flugzeug aus kann man die geologische Struktur Namibias so richtig begreifen. Die meisten Veranstalter von Flugsafaris starten in Windhoek oder **Swakopmund** **6** › S. 104, machen einen Zwischenstopp bei den Robben am **Cape Cross** **9** › S. 109 und landen in **Terrace Bay** **10**, von wo aus man per

Geländewagen zur Erkundung von Flora, Fauna und Geologie der Skelettküste aufbricht.

Dabei wird streng darauf geachtet, dass Böden und Pflanzen so wenig wie möglich zerstört werden. Höhepunkte sind die brummenden Dünen – sie erzeugen tatsächlich Geräusche –, die Begegnung mit Wüstenelefanten und manchmal auch ein Besuch in einem Himba-Dorf. Einige Unternehmen bringen ihre Gäste in komfortablen Zeltcamps (mit eigener Landebahn) mitten in der Wüste unter. Der abendliche Braai unter glitzerndem Sternenhimmel gehört wohl zum Schönsten, was Namibia zu bieten hat. Ein weiteres Highlight ist der Besuch des hohen Nordens – dort wo der Grenzfluss Kunene durch einsame Landschaften fließt – meist verbunden mit dem Besuch eines der Himba-Dörfer im Nirgendwo.

VERKEHRSMITTEL

• Rundflüge organisiert **Pleasure Flights,** Swakopmund, Tel. 0 64/40 45 00, www.pleasureflights.com.na.
• Der Bus **Intercape** fährt ab Swakopmund nach Windhoek, Kapstadt, Johannesburg und Victoria Falls (24-Std. Call Centre und Reservierungen Tel. +27/21/3 80 44 00, www.intercape.co.za).

WICHTIGE ADRESSE

Nature Conservation
Hier gibt es Permits für die Nebenstrecken in der Namib.

• Swakopmund | Ritterburg Ecke Sam Nujoma Drive/Bismarck St. Tel. 0 64/40 45 76 | Mo–Fr 8–13, 14–17 Uhr, Sa/So 8–13 Uhr

UNTERWEGS IM WESTEN

OMARURU 1 🏛 C3

Das hübsch am Omaruru gelegene gleichnamige Städtchen (8400 Einwohner) gleicht dank des häufig Wasser führenden Riviers einer immergrünen Oase. Der unter Denkmalschutz stehende Franke-Turm bezeichnet die Stelle, an der Farmer und Schutztruppensoldaten mehrere Tage dem Ansturm aufständischer Herero standhielten, bis sie von Major Franke befreit wurden. Dieser schlug den Herero-Aufstand in diesem Gebiet nach Gewaltmärschen über 900 km in 19 Tagen nieder. Die Kolonialgeschichte verklärte ihn zu einer legendären Figur. Alljährlich begeht die Zeraoua-Fraktion der Herero in Omaruru ihren Ahnengedenktag am Grab des Chiefs Wilhelm Zeraoua.

Immer mehr Kunsthandwerker und Künstler siedeln sich in Omaruru an und profitieren vom gemächlichen Leben und der Inspirationsquelle des nahen, reizvollen Erongogebirges.

UNTERKUNFT
Kashana Guesthouse €€
Zentral am Ufer des Omaruru gelegen; elegante, geräumige Chalets, Restaurant mit Garten, Läden mit Kunsthandwerk und Kunst.
• Scheepers Drive | Tel. 0 64/57 14 34
  www.kashana-namibia.com

SHOPPING
Tikoloshe Afrika Root Carving
Am Stadtausgang Richtung Karibib schnitzen die Kunsthandwerker aus Wurzeln abstrakte und gegenständliche Skulpturen.
• www.tikolosheafrika.com

DAS ERONGO-MASSIV 2 🏛 C3

Je nach Sonnenstand glänzt der Granit des Erongomassivs in Rosé, Gold oder Feuerrot, und die von der Erosion geformten Skulpturen gaukeln immer neue Zaubergestalten vor. Mit 2319 m ist der Hohenfels ein ansehnlicher Riese, der 1000 m über seine Umgebung hinausragt.

💬 **BENGUELASTROM UND DER NEBEL**

Aus der Antarktis fließen die kalten Wassermassen des Benguelastroms nach Norden, treffen auf den afrikanischen Kontinent und folgen seiner westlichen Küstenlinie. Sie sind verantwortlich für das im Sommer angenehm kühle Klima am Meer. Westwinde übernehmen die Kälte und transportieren sie nach Osten. Die Luft erwärmt sich über Land und die Feuchtigkeit kondensiert. Da die Luft zu trocken ist, um richtig abzuregnen, entstehen feinste Tropfen, Nebel, der an der Küste fast das ganze Jahr über am Vormittag das Wetter bestimmt – bis die Kraft der Sonne oder Ostwinde ihn vertreiben.

Gigantische Granitkugel im Erongomassiv

Doch nicht nur er, sondern auch die im Krater versteckten Felsmalereien lohnen einen Besuch. Die Einfahrt ist nur aus nördlicher Richtung von **Omaruru** her kommend möglich. Wer durch die hügelige Landschaft innerhalb des Gebirgsrunds fährt, dem fällt es schwer, das Massiv mit seinen ca. 40 km Durchmesser als Krater zu identifizieren.

Entstanden ist das Erongo bei einem Erdbeben vor 130 Mio. Jahren, als Lava zutage trat und einen gewaltigen Berg bildete. 20 Mio. Jahre später sackte er ein, an den Rändern der Schüssel trat weiteres Magma heraus und hinterließ einen ringförmigen Granitsockel. Das Wasserangebot des Kraters war vergleichsweise gut und lockte Wild an. Die San verfolgten von den Anhöhen dieses markanten Landschaftspunkts die Wanderungen der Tiere und jagten sie. Um das Jagdglück zu beeinflussen, wurden magische Zeichnungen an die Felsen gemalt – ein Grund für den Reichtum an Felsmalereien in dem Krater und an seinen steilen Außenwänden. Bei Exkursionen mit dem Auto und zu Fuß kann man sich auf die Suche nach den künstlerischen Hinterlassenschaften der Urbevölkerung machen.

UNTERKÜNFTE

Erongo Wilderness Lodge €€€ ▮ C 3
Luxuslodge mit exklusiv angelegten Holzchalets in einer Felsmurmellandschaft.
- 10 km von Omaruru am Kratereingang
  Tel. 0 61/23 91 99
  www.erongowilderness-namibia.com

Ai Aiba Rock Painting Lodge €€ ▮ C 3
Die komfortablen Chalets und das Restaurant sind erhöht an einer Felswand

Die markante Gesteinsformation »The Bridge« an der Spitzkoppe

errichtet. So überblickt man bei ausgezeichneter Küche den Krater. Besichtigung der Felsmalereien.

• 50 km von Omaruru im Krater
Tel. 0 61/23 91 99
www.aiaiba-namibia.com

KARIBIB **3** 📙 C3

Der Ort Karibib ist für seine Marmor- und auch Goldvorkommen bekannt. Ein kleines privates Museum und einige wenige Kolonialbauten wie der Bahnhof rechtfertigen für sich allein genommen noch keinen Halt, doch hier befindet sich auch das Henckert Tourist Center mit einer Verkaufsausstellung für Mineralien.

UNTERKUNFT

Etusis Lodge €€€ 📙 C3
Die Besitzer engagieren sich für den Schutz der Hartmann-Bergzebras und züchten robuste Basotho-Pferde. Komfortzimmer und

Mahlzeiten an einer gemeinsamen Tafel verwöhnen die Gäste; Ausritte und vielfältige Aktivitäten. > mehr S. 13 Punkt **9**

• 16 km von Karibib
Tel. 0 64/55 08 26 | etusis.de

SHOPPING

Henckert Tourist Center
Eine Institution: Schmucksteine, Kunsthandwerk, Kaffee, Kuchen und Snacks.
> mehr S. 18 Punkt **38**

• 38 Hidipo Hamutenya Road
Tel. 0 64/55 07 00

AUSFLUG ZUM AMEIB GÄSTEHAUS

Elephant's Head und Bull's Party heißen die Fantasie beflügelnden Gesteinsformationen auf dem Gebiet der Ranch am südlichen Kraterrand des Erongo. Ein Spaziergang (ca. 30 Min.) führt zum **White Elephant** in der Phillipshöhle, einer der bekannteren Felsmalereien in Zentralnamibia.

UNTERKUNFT

Ameib Gästehaus € 📖 C3

Gästezimmer, Chalets und ein Camping-platz, Tagesbesuche der Felsen und Fels-malereien sind gegen Eintritt möglich. We-gen Besitzerwechsel ist die Farm bis auf Weiteres geschlossen.

• 55 km von Karibib, 27 km nördlich von Usakos

SPITZKOPPE 4 ⭐ 📖 C3

Die große und kleine Spitzkoppe erinnern ein wenig an das Schwei-zer Matterhorn. Sie sind mit 1728 m und 1584 m zwar wesentlich niedri-ger, sollten aber vor allem von Klet-terern nicht unterschätzt werden. Das der Witterung ausgesetzte Ge-stein schält sich richtiggehend ab. Besonders schön ist es, in der Abendsonne im labyrinthischen Gewirr von Steinbrocken um die beiden Berge zu wandern und selte-ne Pflanzen und Formationen zu bewundern. Balsambaum, Botter-boom und Köcherbaum wurzeln zwischen bizarr verwitterten Woll-sack-Graniten. In geschützten Mul-den, in denen das spärliche Regen-wasser etwas länger gespeichert wird als in der offenen Wüstenland-schaft, gedeihen Akazien und Blut-frucht. An den Felsen berichten Ritzungen über Jagd und Tanz der Ureinwohner.

Von der Stelle **Bushman's Para-dise,** zu der man mit Hilfe einer Kette über die glatten Bergflanken gelangt, blickt man weit über die Landschaft – ein idealer Lagerplatz für die frühen Jäger.

UNTERKUNFT

Spitzkoppe Campsite € &
Spitzkoppe Lodge €€€ 📖 C3

Mehrere recht gepflegte Zeltplätze rings um die Spitzkoppe mit Grillplatz und teils privaten Waschräumen, einfache, saubere Hütten mit Außentoilette und -dusche. Die Luxuslodge bietet 15 Chalets mit Bad.

• Tel. 0 64/53 08 79 | www.spitzkoppe.com, www.spitzkoppenlodge.com

---

🔲**DER NAMIB-NAUKLUFT-PARK 5** 📖 C4

Dass Wüste nicht gleich Wüste ist, wird im Namib-Naukluft-Park deutlich. Das knapp 5 Mio. ha große Areal ist Teil des etwa doppelt so großen, 2009 pro-klamierten Namib-Skelettküste-Nationalparks und schützt die vielfältigsten Landschaften: Rotgoldenes Dünenmeer kontrastiert mit grauschwarzen Kies-ebenen und weißen Salzpfannen. Tiefe Schluchten zerschneiden die weiten Ebenen, die von schroffen Gebirgsgipfeln beherrscht werden.

Der Nationalpark gliedert sich in vier Regionen: die Dünen-Namib mit den hohen Sterndünen am Sossusvlei, die Naukluft, einem mächtigen Gebirgs-stock am Ostrand der Namib, die Wüsten-Namib mit zerklüfteter Canyon-Landschaft zwischen Kuiseb und Swakop Rivier sowie Sandwich Harbour, das Vogelparadies am Atlantik.

SWAKOPMUND 6 📘 B3

Eingerahmt von rauer See und den goldenen Dünen der Namib träumt **Swakopmund** (55000 Einw.) im Schatten seines rotweißen Leuchtturms und in wilhelminischer Eleganz von vergangenen Zeiten, als Woermanns Dampfschiffe vor der Küste ankerten und elegante Damen und Herren die Strandpromenade entlangflanierten.

Heute ist Swakopmund die bevorzugte Sommerfrische (im wahrsten Wortsinn) der Windhoeker. In der Stadt gibt es daher viele Hotels, Pensionen und Restaurants. Zugleich verlockt die »Perle am At-

SWAKOPMUND

0   500 m

- **A** Kaiserliches Bezirksgericht
- **B** Leuchtturm
- **C** Museum
- **D** Jetty
- **E** Aquarium
- **F** Prinzessin-Rupprecht-Heim
- **G** Alte Kaserne
- **H** Hohenzollernhaus
- **I** Woermann-Haus
- **J** Alte Post
- **K** Evangelisch-Lutherische Kirche
- **L** Alter Bahnhof

lantik« mit einem großen Angebot an Sandboarding, Quadbiking und Fallschirmspringen › S. 32.

RUND UM DEN LEUCHTTURM

Startpunkt für einen Rundgang durch das koloniale Swakopmund ist das ehemalige **Kaiserliche Bezirksgericht Ⓐ**, heute Präsidentenpalais und Sommerresidenz. Dahinter steht der rot-weiß gestreifte **Leuchtturm Ⓑ**, das Wahrzeichen Swakopmunds. Das Karree zu seinen Füßen ist ein belebter wie auch beliebter Treffpunkt mit Eisdiele, Spielplatz, Hallenbad, Strandpromenade und dem **Museum Ⓒ** ⭐. Es besitzt eine hervorragende, weitgespannte Sammlung afrikanischer und kolonialer Exponate sowie eine komplette Apotheke aus der Kolonialzeit (tgl. 10–17 Uhr).

AM MEER ENTLANG

Die palmenbestandene und mit Cafés gesäumte Strandpromenade nach Süden kreuzen mehrere nicht asphaltierte Straßen, die sanft vom Meer hügelan führen. Sie wurden so überbreit angelegt, damit die Ochsenfuhrwerke bequem darauf wenden konnten. Angler und Flaneure beleben die ins Meer ragende ehrwürdige Eisenkonstruktion **Jetty Ⓓ**. Lange war sie wegen Baufälligkeit gesperrt. Heute erstrahlt die ehemalige Landungsbrücke im strandnahen, sanierten Teil in altem Glanz.

Im modernen **Aquarium Ⓔ** ⭐ kann man aus nächster Nähe Fische des Atlantiks beobachten, die sich in einem riesigen, ringförmigen Glasbecken tummeln (Di–So 10 bis 16 Uhr, Fütterung tgl. 15 Uhr, durch Taucher Di, Sa, So, 15 Uhr).

PRÄCHTIGE KOLONIALHÄUSER

1902 errichtete man das **Prinzessin-Rupprecht-Heim Ⓕ** als Lazarett, später diente es als Frauenwohnheim und heute wird es als Pension und Altersheim genutzt. In den ehemaligen Krankenzimmern und den efeuumrankten Häuschen im Innenhof herrscht noch immer der strenge Geist eines deutschen Pensionats. Nur eine Querstraße weiter geht es in den Räumen der **Alten Kaserne Ⓖ** lockerer zu. Hier übernachten in Namibias einziger Jugendherberge viele Schulklassen.

Ein wahres Jugendstiljuwel ist das 1905 entstandene **Hohenzollernhaus Ⓗ** ⭐. Auf dem Dachfirst thront Atlas mit seiner Weltkugel. Das **Woermann-Haus Ⓘ** ⭐ erhielt 1905 seinen auffälligen Wachturm. Von hier aus konnten Angestellte der Woermann-Linie mit ihren auf hoher See ankernden Schiffen per Spiegeltelegraf kommunizieren. Es ist heute Teil eines bunten Einkaufszentrums mit zahlreichen Läden und Souvenirgeschäften.

DER ALTE BAHNHOF UND UMGEBUNG

Durch die belebten Straßen der Innenstadt geht es an der **Alten Post Ⓙ** von 1906 und der **Evangelisch-Lutherischen Kirche Ⓚ** vorbei zum Schmuckstück der Stadt: dem restaurierten **Alten Bahnhof Ⓛ** ⭐ von 1901. Er war einst einer der prächtigsten Bahnhöfe Af-

rikas. In dem erker- und giebel-
geschmückten Jugendstilensemble
residiert das Swakopmund Hotel
(www.legacyhotels.co.za).

INFO

Namib Information
- Sam Nujoma Avenue/Hendrik Witbooi
  Street | Swakopmund
  Tel. 0 64/40 48 27 | namib@iway.na

Namibia Wildlife Resorts
- in der Ritterburg, Bismarck Street
  Tel. 0 64/40 21 72

UNTERKÜNFTE

The Stiltz €€€
Eine Hotelanlage auf drei Meter hohen
Pfählen an der Swakop-Mündung – originell, sehr gepflegt, komfortabel und
kostspielig.
- Strand Street | Swakopmund
  Tel. 0 64/40 07 71
  www.thestiltz.com

Villa Margherita €€–€€€
Hübsches, über mehrere Villen verteiltes
Boutiquehotel. Wer rechtzeitig reserviert,
kann auch im hauseigenen Restaurant
essen.
- 34 Daniel Tjongarero Street
  Swakopmund | Tel. 0 81/3 32 42 93
  www.villamargherita.com.na

Eberwein €€
Garnihotel mit 17 Zimmern in einer vor-
bildlich restaurierten Jugendstilvilla mit
Tiefgarage.
- Sam Nujoma Drive/Otavi Street
  Swakopmund | Tel. 0 64/41 44 50
  www.hotel-eberwein.com

Meike's Gästehaus €€
Liebevoll und sehr persönlich geführtes
B&B, hübsche Zimmer und aufmerksame
und stets hilfsbereite Gastgeber.
- 23 Windhoek Street | Swakopmund
  Tel. 0 64/40 58 63
  www.meikes-guesthouse.net

 GESCHICHTE

Als 40 deutsche Siedler im Schutz eines Kanonenboots an der Mündung des
Swakop-Flusses im Jahr 1893 an Land gingen, kamen sie, um einen Hafen zu
gründen, der Deutsch-Südwest vom britischen Walvis Bay unabhängig machen sollte. Starke Brandung und ein flacher Strand zwangen die Schiffe,
weit vor der Küste zu ankern – dennoch stampfte das Deutsche Reich unter
enormem Einsatz von finanziellen Mitteln und Menschen eine wilhelminische
Stadt mit prächtigen Jugendstilbauten aus dem Wüstensand. Als letztes
deutsches Bauwerk konstruierte man den eisernen Pier – heute Jetty genannt –, der mit 640 m Länge den Schiffen einen besseren Anlegeplatz bieten sollte. Doch schon bald nach seiner Fertigstellung 1914 war es mit der
deutschen Kolonialherrlichkeit vorbei.

Unter südafrikanischer Oberhoheit ab 1919 wurde der Hafen geschlossen
und Walvis Bay stieg zum wichtigsten Fischerei- und Handelshafen des Landes auf. Aus Swakopmund entwickelte sich ein beliebtes Seebad der weißen
Bevölkerung.

Das Hohenzollernhaus in der Libertina Amathila Avenue in Swakopmund

Mile 4 Caravan Park €
Weitläufige Anlage mit Grillplätzen.
• »Mile 4« (7 km nördlich des Zentrums)
  Tel. 0 64/46 17 81
  www.mile4swkp.com

RESTAURANTS
Hansa Hotel-Restaurant €€€
Exzellente Küche mit Seafood und Wild.
• 3 Hendrik Witbooi Street | Swakopmund
  Tel. 0 64/40 03 11 | tgl. 18–22 Uhr

The Jetty 1905 €€€
Das Restaurant am Ende der Jetty ist die
romantischste Adresse zum Fischessen –
ob als Sushi oder in mannigfacher Art
köstlich zubereitet.
• Auf dem Pier | Swakopmund
  Tel. 0 64/40 56 64 | www.jetty1905.com

Café Anton €€
Man fühlt sich wie zu Hause bei deutschem
Kuchen und deutschem Filterkaffee!
• 1 Bismarck Street | Swakopmund
  Tel. 0 64/40 03 31

Haiku €€
Ausgezeichnete japanische Fischküche,
auch Sushi in vielen Variationen – wie es
sich direkt am Meer gehört. Der Service ist
freundlich.
• 37 Tobias Hainyeko Street
  Swakopmund | Tel. 0 64/40 64 06

Village Café €
Afrikanische Deko zu Snacks und Kuchen.
• 21 Sam Nujoma Avenue | Swakopmund
  Tel. 0 64/40 47 23
  www.villagecafenamibia.com

SHOPPING

Swakopmunder Buchhandlung

Seit 1900 gibt es diese Traditionsadresse für namibische Literatur.

• 22 Sam Nujoma Avenue | Swakopmund

Peter's Antiques

Breites Sortiment von Dingen aus der Kolonialzeit – nicht unumstritten!

• 24 Tobias Hainyeko Street | Swakopmund
  Tel. 0 64/40 56 24
  www.peters-antiques.com

Kirikara

Zum Sortiment gehört traditionelles wie modernes Kunsthandwerk aus Namibia und anderen Ländern Afrikas.

• Am Ankerplatz Arcade | Swakopmund
  Tel. 0 64/46 31 46
  www.kirikara.com

AKTIVITÄTEN

Rund um Swakopmund sind dem Aktivitätsdrang keine Grenzen gesetzt – Sandboarden, Quadbike-Fahren, Tandem-Fallschirmspringen und Fesselballonfahren über die Namib sind nur einige der vielen Möglichkeiten. Ab Walvis Bay werden vormittags Bootsfahrten angeboten > S. 111.

Desert Explorers Adventure Center

U. a. ein spannender Ausflug in den Namib-Dünengürtel mit Beobachtung von Schlangen, Käfern und Eidechsen.

• Tel. 0 81/1 29 23 80
  www.facebook.com/desertexplorersnam

Okakambe Trails

Reitertrekking durch die Namib und die Mondlandschaft für erfahrene Reiter.

• 9 km östlich an der D 1901
  Tel. 0 64/40 27 99
  www.okakambe.iway.na

AUSFLUG ZUM WELWITSCHIA-TRAIL 7 ⭐ ▮ B3

Eine überaus abwechslungsreiche Wüstenrundfahrt (besser mit Geländewagen) verspricht der etwa 100 km lange Welwitschia-Trail in der Namib ab Swakopmund, für den man einen ganzen Tag einplanen sollte. Entlang der Pisten und Wege hat die Verwaltung des Namib-Naukluft-Parks 13 markierte Punkte *(baken)* ausgewiesen, an denen die besondere Flora und Fauna der Namib beobachtet werden kann. Schattige Picknickplätze laden zum Verweilen ein – Proviant mitnehmen! Die Rundfahrtgenehmigung erhält man im Büro der Nature Conservation in Swakopmund.

Die Abzweigung zum Trail liegt 18 km östlich von Swakopmund auf der C 28. Bei der Ortsausfahrt ist »Martin Luther«, ein 1897 im Sand stecken gebliebenes Dampfmobil, in einem kleinen Museum zu bewundern (Mo–Fr 9–16 Uhr).

Der erste Punkt zeigt Flechten, die dank der Feuchtigkeit aus dem Nebel überleben können. Punkt 4 weist zum Aussichtspunkt über der »Mondlandschaft«, einer bizarren Landschaftsformation, die etwa 450 Mio. Jahre alt ist und deren zerklüftete Gipfel und tiefe Schründe an schwarze Krater erinnern. Punkt 10 markiert das Flussbett des Swakop, der wildromantische Canyons in das weiche Gestein geschnitten hat und mit seinem Wasser grüne Oasen zaubert. Hier sieht man auch die ersten Exemplare der Welwitschia, die zu den ältesten Pflanzen der Welt zählt. Bei Punkt 12 ist die etwa 1500 Jahre alte Riesenwelwitschia erreicht. › mehr S. 16 Punkt **30** Bei 13 mündet der Trail wieder in die C 28.

HENTJES BAY 8 ▋ B3

Die größte Siedlung nördlich von Swakopmund präsentiert sich als aufstrebendes Touristenörtchen, das im Winter völlig verschlafen ist, im Sommer jedoch eine Alternative zum überlaufenen Windhoek darstellt. An den flachen Sandstränden werfen die Angler ihre Köder aus. Sogar Haie werden hier von der Küste aus mit der Rute gefangen.

UNTERKÜNFTE

Cape Cross Lodge €€ ▋ B3
Geschmackvoll eingerichtetes modernes Haus mit 18 Zimmern und zwei Suiten unweit der großen Robbenkolonie.

• 50 km nördlich von Hentjes Bay
Tel. 0 81/1 69 21 86 | www.capecross.org

Buck's Camping Lodge €−€€ ▋ B3
Großer und sauberer Zeltplatz mit Chaletvermietung, etwas im Landesinneren.
› mehr S. 12 Punkt **5**
• Hentjes Bay | Tel. 0 64/50 10 39
buckcamp@mweb.com.na

AKTIVITÄTEN

Sea Ace Adventure Angling
Ist auf Angelferien spezialisiert.
• Hentjes Bay | Tel. 0 81/2 33 92 42
www.seaace.com.na

AUSFLUG ZUM CAPE CROSS 9 ▋ B3

Am Kreuzkap, 50 km nördlich von Hentjes Bay, leben bis zu 100 000 Robben in Kolonien an der namibischen Küste (Cape Cross Seal Reserve, tgl. 8–17 Uhr).

Pelzrobben am Cape Cross nördlich von Swakopmund

SKELETON COAST PARK

Zufahrtstor zum Skeleton Coast Park

Viele Schiffe sind in früheren Jahren in den tückischen Gewässern vor der namibischen Küste gesunken. Wie das Knochengerüst urzeitlicher Tiere ragen ihre abgebrochenen Masten und durchlöcherten Planken aus dem Meer. Seeleute, die nicht das Glück hatten, mit ihrem Schiff unterzugehen, sahen sich an Land einem sicheren und grausamen Tod geweiht: Der Weg ins Landesinnere war durch den Wüstenstreifen versperrt, Trinkwasser gab es nicht. Die meisten wurden Opfer von Raubtieren. Ihre Gebeine gaben der Skelettküste ihren Namen.

Der **Skeleton Coast Park** erstreckt sich als 60 km breiter Streifen entlang der Atlantikküste vom Ugab Rivier im Süden bis zum Kunene im Norden. Er ist eine der ökologisch fragilsten Regionen Namibias: Jeder Schritt eines Wanderers, jede Fahrspur eines Jeeps hinterlässt irreparable Zerstörungen.

Die beste Möglichkeit, die landschaftlichen Höhepunkte der Skelettküste wie z. B. die fantastischen, an Lehmburgen erinnernden Gesteinsformationen kennenzulernen, bietet eine Fly-in-Safari. Mit einem Kleinflugzeug, meist einer Cessna, geht es ab Eros-Airport in Windhoek an der Küste entlang nach Norden. Wenn die Wetterverhältnisse es zulassen, bietet sich ein fantastischer Blick auf die Landschaft: Gleichförmig lecken die weißen Schaumkronen der Atlantikwellen am graubraunen Sand der Küste. Dahinter türmen sich goldschimmernde Sandberge auf. Flechten, Aloen und Welwitschias nutzen die Feuchtigkeit des Küstennebels, nur so können sie hier gedeihen. Und schließlich weicht der Sand dem schwarzen oder rostroten Gestein der Randstufe – zerklüftete Täler und bizarre Gipfel, riesige Krater und Schluchten muten wie eine Urlandschaft an.

An die historische Bedeutung des Kaps erinnert eine Wappensäule mit Steinkreuz, ein *padrão* des portugiesischen Seefahrers Diego Cão. Er war 1486 an der unwirtlichen Skelettküste gelandet und hatte sie durch Steinsetzung für König Johann II. in Besitz genommen.

WALVIS BAY 11 📖 B3–B4

Ein Kontrastprogramm zu Fachwerk und Jugendstil in Swakopmund bietet Walvis Bay (60 000 Einw.) mit seinen flachen, von Gärten umgebenen Bungalows und modernen Geschäftshäusern. Araukarien überragen mit ihren geometrisch gewachsenen Wipfeln die Stadt. Zum Meer hin ragen Kräne und Containertürme des bedeutendsten Seehafens Namibias in den Himmel.

Walvis Bay hat ein quirliges Zentrum. Die **Esplanade,** eine endlose Strandpromenade, die besonders am Nachmittag und Abend zu langen Spaziergängen einlädt, ist hingegen still und besinnlich. Von ihr aus ist die Vogelwelt der Stadt zu beobachten. Die Rheinische Missionskirche stammt von 1880. Sie wurde als Fertigbau in Einzelteilen aus Deutschland geliefert und ist das einzige Kolonialgebäude, das in Walvis Bay erhalten ist. Ein Besuch der stimmungsvollen kleinen Waterfront mit Holzhäuschen und Restaurants ist empfehlenswert.

UNTERKUNFT
Lagoon Loge €€
Individuell und komfortabel eingerichtete Zimmer mit Blick auf die Lagune.

• 2 Kowambo Nujoma Drive | Wavis Bay
Tel. 0 64/20 08 50
www.lagoonloge.com.na

RESTAURANTS
Anchors@the Jetty €€–€€€
Ausgezeichnete Fischküche in lockerer Atmosphäre mit Aussicht aufs Meer.
• Waterfront | Wavis Bay
Tel. 0 64/20 57 62
www.facebook.com/anchorsatthejetty

Bäckerei Probst €–€€
Die beliebteste Adresse in Walvis Bay für gutes Essen, Frühstück und Lunch.
• 148 Ben Gurirab Street | Wavis Bay
Tel. 0 64/20 27 44

AUSFLUG IN DIE WALFISCHBUCHT

Mit dem Kajak geht es bei ruhiger See frühmorgens hinaus in die Bucht. Kajak-Erfahrung ist nicht notwendig, die fachkundige Führung sorgt für eine ausführliche Einweisung. Es können 2–6-stündige Touren gebucht werden. Während der Fahrt sieht man alle in der Bucht heimischen Vogelarten nebst Robben und Delfinen; zu buchen bei Eco Marine Kayak Tours, Tel. 0 64/20 31 44, www.emkayak.iway.na.

Levo Seal and Dolphin Cruises fahren mit einem Motorboot durch die Bucht zu den Sandbänken mit ihren Robbenkolonien. Delfine begleiten das Boot zu den russischen Fischtrawlern, die auf Reede liegen. Zum Abschluss gibt es Sekt und Austern. Tel. 0 64/20 75 55, www.levotours.com.

DER NORDEN

Die Vingerklip, ein monumentaler
Felsenfinger, bei Outjo

Vom höchsten Berg Namibias, dem Brandbergmassiv mit über 2500 m, geht es über den weltberühmten Etosha-Nationalpark mit seinem immensen Wildreichtum ins noch ursprüngliche Kaokoveld nahe der angolanischen Grenze.

Weite, hügelige Hochsteppen und markante Gebirgsstöcke prägen die Landschaften nördlich von Windhoek. Große Rinderherden stehen auf den silbrig glänzenden Weiden, weiße Windräder recken ihre Flügel über die Farmhäuser. Auf winzigen Eselskarren fahren die Kinder zur Schule oder zum Markt, die Siedlungen sind von der Rinderhaltung geprägt.

Otjiwarongo ist Versorgungszentrum für das umgebende Farmland, aber auch Ausgangspunkt für einen Besuch des **Waterbergs,** des immergrünen Inselberges mit zahlreichem Wild auf seinem Hochplateau. Er ist auch der Platz, an dem vor mehr als 100 Jahren zum Ende des Herero-Aufstands die folgenschwere Schlacht am Waterberg geschlagen wurde und die Flucht der Herero in die Omaheke ihren Ausgang nahm.

Weiter im Nordwesten stößt man in von den Kräften der Erosion zerfressenen Urlandschaften auf Namibias Vor- und Frühgeschichte. Deren gestalterische Kräfte zeigen sich in bizarren Orgelpfeifen, rötlich aufglimmenden Bergen, und an den faszinierenden Felsbildgalerien von **Twyfelfontein** – UNESCO-Weltkulturerbe seit 2006. Auch am **Brandberg** sind Zeugnisse der Kunstfertigkeit der Ureinwohner zu besichtigen.

Am Rande des Kaokovelds liegt das ehemalige deutsche Polizeifort **Sesfontein.** Das **Kaokoveld** ist eine der abgeschiedensten Gegenden Namibias. Hier pflegen die Himba wie seit Urzeiten ihren halbnomadischen Lebensstil, und mit den Epupa Falls ist einer der landschaftlich schönsten Wasserfälle des südlichen Afrikas zu bestaunen.

Im artenreichsten Wildreservat des ganzen Landes, dem weltberühmten **Etosha-Nationalpark,** begibt man sich auf die Spuren der Tierwelt. Die Salzpfanne im Herzen des Parks erstreckt sich weit über den Horizont und ist ganzjährig von riesigen Wildherden bevölkert. Nördlich des Schutzgebiets schließt sich das Hauptsiedlungsland der Ovambo an, die am dichtesten besiedelte Region Namibias. Den großen Städten wie Oshakati und Ondangwa mangelt es aber immer noch an Industrie, die Arbeitslosigkeit ist hoch. Jedoch sorgen die offenen Grenzen nach Angola zumindest beim Handel für Wachstum.

Östlich von Etosha ist die Landwirtschaft im sogenannten Maisdreieck bei **Tsumeb** und **Grootfontein** von Getreideanbau und Rinderzucht bestimmt. Hier finden sich auch die ältesten Erzminen Namibias, die mit den gestiegenen Rohstoffpreisen wieder verstärkt ausgebeutet werden.

TOUREN IN DER REGION

Die Touren in der Region verlaufen fast durchweg auf gut befestigten Pisten. Dennoch sollte man für die Fahrten ins Kaokoveld und nach Norden bis zum Kunene ein Allradfahrzeug anmieten, da Rivierdurchfahrten tiefsandig sein können. Auch im Herzland der San ist abseits der Hauptpiste mit tiefem Sand zu rechnen.

Eine umsichtige und den Umständen angepasste Fahrweise ist daher dringend angeraten. Bei jedem Stopp sollte zudem unbedingt der Reifendruck kontrolliert werden!

TOUR 8

FELSBILDER: TWYFELFONTEIN UND BRANDBERG

ROUTE: Otjiwarongo › Outjo › Vingerklip › Khorixas › Petrified Forest › Twyfelfontein › Brandberg › Omaruru › Otjiwarongo

KARTE: Seite 116
DAUER: 3 Tage
PRAKTISCHE HINWEISE:
- Ein Pkw genügt.
- Übernachtungsmöglichkeiten gibt es auf den Lodges und Farmen bei den jeweiligen Sehenswürdigkeiten.

TOUR-START:
Auf der Asphaltstraße C 38 verlassen Sie **Otjiwarongo** **1** › S. 119 Richtung **Outjo** **3** › S. 120, das Sie nach 60 km erreichen. Hier bleiben Sie weiter auf Asphalt Richtung Westen (C 39) und Khorixas. Nach 80 km führt ein Abzweig auf der D 2743 nach 20 km zur **Vingerklip** **4** › S. 121, einer hohen schmalen Felsnadel im landschaftlich eindrucksvollen Tal des Flusses Ugab. Tafelberge verlieren sich am Horizont, rot und gelb leuchten die Felsterrassen. 50 km weiter zweigt die D 35 nach Süden Richtung Uis Myn, kurz Uis, ab. Sie fahren weiter nach Westen und erreichen bald **Khorixas,** wo der Asphalt endet. Der Ort (7000 Einw.) hat den spröden Charme einer staubigen Westernstadt. Im ehemaligen Verwaltungssitz des Damaralandes besteht Gelegenheit, seine Vorräte aufzufüllen. Jetzt befindet man sich im Land der versteinerten Wälder. Mehrere Farmen laden mit Schildern zu einem Besuch ein. 45 km hinter Khorixas ist das Naturdenkmal **Petrified Forest** (Versteinerter Wald) erreicht. Etwa 250 Mio. Jahre sind die Baumstämme alt, die – von Erdschichten luftdicht bedeckt und durch Silikatablagerungen in den Zellen und Ritzen versteinert – ihre Zeichnung und Farbe erstaunlich naturgetreu erhalten haben. Zwischen den am Boden liegenden »Steinbäumen« wachsen Köcheraloen und einige besonders schöne Welwitschias.

Nach weiteren 25 km biegt man von der C39 ab und folgt den Wegweisern nach **Twyfelfontein** 5 › S. 121 (25 km) mit seinen Felsmalereien und Gravierungen. Übernachtet wird in einer der Lodges oder auf den Zeltplätzen der nahen Umgebung. Nehmen Sie bis Khorixas denselben Weg zurück und biegen Sie nun in die C35 ein. Nach gut 100 km Pistenfahrt erreichen Sie den Abzweig nach Westen zur Flanke des **Brandbergs** 6 › S. 123, dessen dunkle Silhouette sich schon von Weitem angekündigt hat. Nach recht holprigen 20 km beginnt am Parkplatz die Wanderung zum berühmten Felsbild White Lady. Wer sich Zeit nimmt, kann weitere geschätzte 60 000 Malereien entdecken. Unterkunft finden Sie in der nahe gelegenen Lodge. Am nächsten Morgen geht es auf der Piste C36 wieder nach Osten nach Omaruru (110 km); von hier aus sind es noch 120 km auf guter Asphaltstraße bis zum Ausgangspunkt Otjiwarongo.

TOUR 9

INS KAOKOVELD ZU DEN HIMBA

ROUTE: Sesfontein › Joubert-Pass › Opuwo › Epupa Falls

KARTE: Seite 116
DAUER: 3 Tage

PRAKTISCHE HINWEISE:
- Für Fahrten ins Kaokoveld und nach Norden bis zum Kunene ist ein Allradfahrzeug unbedingt zu empfehlen.
- Ausreichend Treibstoff in Ersatzkanistern und ein zweiter Ersatzreifen sind dringend angeraten.

TOUR-START:

In **Sesfontein** 9 › S. 124 geht es frühmorgens los. Fahren Sie auf der Piste 10 km nach Osten und nehmen Sie dann die Piste C43 in nördlicher Richtung. Sie durchquert die Joubertberge und überwindet den extrem steilen **Joubert-Pass,** den man entweder mit Schwung oder langsam im ersten Gang nehmen muss. Hinter dem Pass und 75 km hinter Sesfontein führt rechter Hand eine schmale, felsige Piste zum Camp Aussicht (5 km den Berg hoch). Vom Abzweig sind es weitere 75 km bis **Opuwo** 11 › S. 124, dem Hauptort des Kaokovelds. Etwa 40 km hinter Opuwo lohnt ein besuch im **Ovahimba Living Museum** in Omungunda. Weiter auf guter Piste (in der Trockenzeit auch mit Pkw befahrbar) erreichen Sie die landschaftlich schön gelegenen **Epupa Falls.** › mehr S. 15 Punkt 23 Zwischen Makalanipalmen und Baobabs gurgelt der Kunene über Felsen hinweg insgesamt 60 m in die Tiefe. Für die 200 km lange Anfahrt benötigen Sie mindestens drei Stunden. Belohnt wird die Mühe mit einem Einblick in das Leben der Himba in einem der Dörfer am

TOUREN IM NORDEN

TOUR 8

FELSMALEREIEN: TWYFELFONTEIN UND BRANDBERG

Otjiwarongo › Outjo › Vingerklip › Khorixas › Petrified Forest › Twyfelfontein › Brandberg › Omaruru › Otjiwarongo

TOUR 9

INS KAOKOVELD ZU DEN HIMBA

Sesfontein › Joubert-Pass › Opuwo › Epupa Falls

TOUR 10

INS HERZLAND DER SAN

Grootfontein › C 44 nach Osten › Veterinärtor › Grashoek Traditional Village ›
Tsumkwe › (mind. fünf Tage länger: Kaudom Game Park › Katere › Rundu) ›
Grootfontein

Wegesrand, die man betreten darf (Eintritt). Man kehrt auf der gleichen Strecke zurück, bzw. alternativ östlich über **Ruacana** 14 › S. 128 und Oshakati quer durch den **Etosha-Nationalpark** 12 › S. 125 nach **Outjo** 3 › S. 120.

INS HERZLAND DER SAN

> **ROUTE:** Grootfontein › C 44 nach Osten › Veterinärtor › Grashoek Traditional Village › Tsumkwe › (mind. fünf Tage länger: Kaudom Game Park › Katere › Rundu) › Grootfontein

> **KARTE:** Seite 116
> **DAUER:** 2 Tage (7 Tage)
> **PRAKTISCHE HINWEISE:**
> • Ein Allradfahrzeug ist sehr empfehlenswert. Abseits der Hauptpiste ist tiefer Sand. Wegen der großen Entfernungen zwischen den Orten sollten Sie unbedingt reichlich Treibstoff in Ersatzkanistern, einen zweiten Ersatzreifen und ausreichend Wasser mitnehmen.
> • Unterkunft findet man in einfachen Camps oder der ebenfalls sehr simplen Tsumkwe Lodge, Tel. (Mobil) 0 81/2 73 46 06.

TOUR-START:

Von **Grootfontein** 16 › S. 129 folgt man zunächst dem Asphalt der B 8 nach Nordosten und biegt nach 50 km in die Piste C44 nach Osten

ein. Schnurgerade durchschneidet sie Farmland, bis nach etwa 75 km das Veterinärtor erreicht ist. Nun befindet man sich auf kommunalem Grund, auf Land also, das nicht unter Großfarmen aufgeteilt ist, sondern von Dorfgemeinschaften genutzt wird. Die Siedlungen verstecken sich abseits der Straße im dichten Buschwerk. Gleich hinter dem Tor führt eine schmale Piste durch den Busch nach Norden und trifft nach 6 km auf das Grashoek Traditional Village. Mit Tänzen, Gesängen und auf Jagdausflügen geben die gastfreundlichen San den Besuchern Einblick in ihren Alltag.

Weitere 150 km Fahrt auf Pisten enden im Zentrum des Buschmannlandes in **Tsumkwe,** einer Streusiedlung mit nur minimaler Infrastruktur. Die Tsumkwe Lodge organisiert Ausflüge in die Umgebung. Einfache Campingplätze zwischen Affenbrotbäumen betreuen die Einheimischen. Gerne nehmen sie Besucher in ihre Dörfer mit. Wer es eilig hat, übernachtet einmal und fährt am nächsten Tag zurück.

Reisende mit mehr Zeit können durch den **Kaudom Game Park** nach Norden fahren und über **Rundu** nach Grootfontein zurückkehren. Doch Achtung: Der Kaudom ist für seine tiefsandigen Pisten berüchtigt, die Einfahrt ist nur im Konvoi aus wenigstens zwei Allradfahrzeugen gestattet. Und für die Durchquerung von Tsumkwe nach Katere (200 km) benötigt man weit mehr als einen Tag reiner Fahrzeit. Dauer der Tour durch den Kaudom Game Park: mindestens fünf Tage.

UNTERWEGS IM NORDEN

OTJIWARONGO 1 ◼ C2

Die 1906 gegründete Farmerstadt Otjiwarongo (30 000 Einw.) ist ein wichtiges Handelszentrum und ein Verkehrsknotenpunkt in Nordnamibia – dennoch wirkt sie beschaulich und ruhig. Dass Rinder hier besonders gut gedeihen, besagt bereits der Name, der in Herero »dort, wo das Rind fett ist« bedeutet.

Die **Crocodile Ranch,** auf der Nilkrokodile für die Fleisch- und Lederproduktion gezüchtet werden, ist die für Touristen einzige wesentliche Sehenswürdigkeit des Ortes.

UNTERKUNFT

Out of Africa Town Lodge €€
Komfortable Lodge mit schönen, großen Zimmern, Restaurant und Pool.
• Long Street | Otjiwarongo
  Tel. 0 67/30 22 30
  www.ooafrica.com

SHOPPING

Crocodile Ranch
Taschen und Schuhe aus zertifiziertem Krokodilleder. Mit Restaurant.
> mehr S. 14 Punkt 16
• Henk Willem Street | Otjiwarongo
  Tel. 0 67/30 21 21 | www.facebook.com/crocfarmotjiwarongo

Omaue Mineralien
Hat schöne Schmucksteine und dient auch als kompetente Touristeninformation.
• Hage Geingob Street (Spar Shopping Complex) | Otjiwarongo
  Tel. 0 67/30 38 30

WATERBERG-PLATEAU-PARK 2 ⭐ 8 ◼ C2–D2

Schon von Weitem ist der 1857 m hohe Inselberg zu erkennen, dessen Plateau sich 200 m über die Hochebene erhebt. Es ist von einem Fel-

Rinderzucht auf den ertragreichen Weiden um Otjiwarongo

senkranz umgeben und bildet so einen flachen Kessel, in dem dank sehr günstiger Klimaverhältnisse eine überraschend üppige Flora blüht und beispielsweise auch bedrohte Nashornrassen ein sicheres Habitat finden.

Traurige Berühmtheit erlangte der Waterberg als Ort der Schlacht zwischen Herero und der deutschen Schutztruppe 1904. Viele Herero flohen in Richtung Botswana (damals britisches Protektorat), wobei viele Tausend auf der Flucht umkamen. Bis heute verhandeln ihre Nachkommen über Reparationszahlungen durch Deutschland. Die Feinde von einst begehen gemeinsam um den 11. August den Jahrestag der Schlacht an den deutschen Soldatengräbern in der Nähe des Rastlagers, wo heute ein kleines Schild auch der toten Herero gedenkt.

Der Waterberg-Plateau-Park ist einer der jüngeren namibischen Nationalparks (seit 1972). Das Plateau darf nicht mit dem eigenen Auto befahren werden, die Parkverwaltung veranstaltet aber tagsüber und auch nachts Game drives. Durch das reizvolle Wandergebiet führen mehrere Trails, darunter ein kurzer, auch für kleinere Kinder geeigneter Weg. Die Touren erschließen die vielfältige Flora des Waterbergs. Das Waterberg Camp (Bernabe De La Bat Camp) macht den Nationalpark zu einem angenehmen Übernachtungsplatz auf dem Weg nach Etosha. Das Restaurant ist in der 1908 errichteten deutschen Polizeistation untergebracht.

UNTERKÜNFTE

Waterberg Wilderness Lodge
€€€ 🛏 C2–D2
Bungalows mit hellen Zimmern inmitten einer grünen Schlucht mit Quellen und kleinen Teichen; geführte Wanderungen auf das Plateau. Zum Haus gehört die Waterberg Plateau Lodge am Plateau (15 Min. Fahrt entfernt) mit Fernsicht.
• 8 km vom Waterberg Rest Camp entfernt an der D 2512
  Tel. 0 67/68 70 18
  www.waterberg-wilderness.com

Waterberg Plateau Park Camp €–€€
🛏 C2–D2
Bungalows, Zelt- und Caravanplätze, Restaurant in historischem Gebäude, Pool, Kiosk und Laden.
• Namibia Wildlife Resorts Ltd.
  Tel. 0 61/285 72 00
  www.nwr.com.na

BUCHTIPP
Gerhard Seyfried schildert in dem Roman **Herero** (Aufbau TB) die Ereignisse, die zur Schlacht am Waterberg führten – eine spannende Lektüre.

OUTJO 🟧3 🛏 C2

Outjo (7000 Einw.), das einst den zweifelhaften Ruf als Hort der Malariakrankheit innehatte, ist heute eine hübsche Gartensiedlung. Ein Denkmal und das Museum Franke-Haus erinnern an die 1914 von Portugiesen bei Naulila am Kunene River getöteten deutschen Regierungsangestellten sowie an die Opfer der darauf unternommenen Strafexpedition unter Major Franke (Mo–Fr 8–13, 14–17 Uhr).

UNTERKÜNFTE

Bambatsi Ranch €€ 🔖 C2

Auf einer der ältesten Gästefarmen des Landes hat man auf einem Hügel hoch über der Landschaft das ursprüngliche, überaus komfortable Buscherlebnis.

• 80 km westlich von Outjo
  Tel. 0 81/245 88 03
  www.bambatsi.com

Etosha Garden Hotel €€

Gepflegtes Stadthotel mit im afrikanischen Stil eingerichteten Zimmern; Restaurant.

• Otavi Street | Outjo
  Tel. 0 67/31 31 30
  www.etosha-garden-hotel.com

Ijaba Lodge at Buschfeld Park €€

Auf der Outjo-Kuppe übernachtet man in komfortablen Chalets.

• 2 km außerhalb von Outjo
  Tel. 0 67/31 36 65
  www.ijaba-lodge.com

SHOPPING

Namibia Gemstones

Ein Dorado für Fans von Halbedelsteinen.

• In der Etosha Street von Outjo

AUSFLUG ZUR VINGERKLIP 4 🔖 C2

Ab Outjo führt die C 39 durch dichte Baumsavanne in Richtung Khorixas. Nach 79 km verlassen Sie die Hauptstraße und folgen einer Schotterstraße 11 km nach Süden in das Tal der Ugab-Terrassen mit seinem mächtigen Wahrzeichen, der Vingerklip. Die wunderschöne Vingerklip Lodge schmiegt sich in das rotbraune Gestein unweit der 35 m hohen, freistehenden Felsnadel, die eine Herausforderung für Freeclimber geworden ist. Tagesgäste, die zum Fuß der Vingerklip hinaufklettern wollen, zahlen eine Gebühr.

UNTERKUNFT

Vingerklip Lodge €€€

Komfortable Bungalows in schöner Lage mit herrlicher Aussicht.

• An der Vingerklip
  Tel./Fax 0 61/25 53 44
  www.vingerklip.com.na

TWYFEL-FONTEIN 5 ⭐9 🔖 B2

Das UNESCO-Welterbe der Felsbilder von Twyfelfontein ist ein Fels rund um die »zweifelhafte Quelle« *(twyfel fontein)*. Allein die erhöhte Lage mit weitem Blick weist die Stelle als möglichen Jagdplatz der San, eventuell auch der Damara, aus. Auf Felsplatten und in Überhängen haben die Jäger seit Jahrtausenden das Wild, dem sie nachstellten, verewigt. Die ältesten Gravierungen könnten bis zu 6000 Jahre alt sein. Deutlich sind Giraffen, Nashörner, Antilopen und Löwen auf den rotbraunen Granitplatten zu erkennen. Über die Bedeutung der vielen, wahrscheinlich noch älteren, abstrakten Gravierungen rätseln Wissenschaftler bis heute: Die Punktreihen, Striche und Kreise könnten magische Beschwörungsformeln versinnbildlichen. Bekanntestes Felsbild ist ein Löwe mit abgeknicktem Schwanz. Ein Besuch ist nur mit Führer möglich.

Die Twyfelfontein Lodge

UNTERKÜNFTE

Twyfelfontein Lodge €€–€€€ 📖 B2
Große Touristenanlage aus Natursteinen und Reetdächern in toller Lage, Anlaufpunkt organisierter Reisender.

• Unweit der Felsbilder
  Tel. +27/21/8 55 03 95
  www.twyfelfonteinlodge.com

Mowani Mountain Camp €–€€€ 📖 B2
Das Camp liegt in landschaftlich atemberaubend schöner Lage nicht weit von Twyfelfontein. Neben Luxusbungalows auch Campingmöglichkeit.

• Tel. 0 61/23 20 09
  www.mowani.com

Aba-Huab Campsite € 📖 B2
Ehemaliges Nacobta-Projekt, das nun recht und schlecht auf eigenen Füßen steht. Schattige, schön gelegene Stellplätze inmitten der Natur, mittelmäßig unterhaltene Infrastruktur; Touren mit ortsansässigen Guides.

• Am Huab-Rivier, 17 km von Twyfelfontein
  Tel. 0 81/1 29 04 10

AUSFLUG ZUM BURNT MOUNTAIN

Der Verbrannte Berg (Burnt Mountain), nicht mit dem Brandberg zu verwechseln, liegt etwa 10 km von Twyfelfontein entfernt an der D 3254. An der Piste zum Verbrannten Berg ist auch die Gesteinsformation der **Orgelpfeifen** (Organ Pipes) zu finden, bis zu 5 m hohe Basaltsäulen in einem schluchtähnlichen Einschnitt etwa 3 km nach der Abzweigung von der D 3214.

Die Strahlen der untergehenden Sonne beleben den Verbrannten Berg und machen ihn zu einer Attraktion in der bizarren Felslandschaft. In der abendlichen Dämmerung verwandelt sich der tagsüber so unscheinbare und völlig kahle Bergrücken in ein Feuerwerk von Rot- und Brauntönen, die durch die besondere Gesteinsstruktur hervorgerufen werden.

BRANDBERG 6 ⭐ ▮ B3

Das Brandbergmassiv mit dem Königstein (2574 m), dem höchsten Gipfel des Landes, besitzt mit der **Weißen Dame** (White Lady) eine der schönsten Felsmalereien. Vom Parkplatz führt ein etwa halbstündiger Fußweg durch die Tsibab-Schlucht hinauf zu dem Überhang mit Felsmalereien um die Weiße Dame vom Brandberg. Heute ist die Figur, die wahrscheinlich einen Krieger darstellt, nur noch schwach erkennbar. Sie ist umgeben von Tieren und anderen menschlichen Gestalten. Über den Sinngehalt wird seit der Entdeckung 1918 durch R. Mack gestritten: Europas Antike wurde als Kulturübermittler bemüht – die Dame sei Zeugnis eines minoischen Erbes oder gar phönizischer Einflüsse –, die Magie der Buschleute und deren Trance-Tänze stellen das alternative Erklärungsmuster. Die White Lady ist nur eines von mehr als 60 000 Felsbildern im Brandbergmassiv.

INFO

Touren zur White Lady und im Brandberggebiet sind buchbar über **Dâureb Mountain Guides.** Mitarbeiter eines kommunalen Damara-Projekts, Tel. 0 64/50 41 62. In ihrem Büro in Uis werden auch Souvenirs verkauft.

UNTERKUNFT

White Lady Lodge €€–€€€ ▮ B3
Komfortable Lodge in Kooperation mit der lokalen Bevölkerung.
• 15 km vom Brandberg | Tel. 0 64/68 40 04 www.brandbergwllodge.com

BUCHTIPP
Geschichte und Bedeutung der Felsbilder stellt der schöne Bildband **Brandberg** von Tilman Lenssen-Erz vor (Thorbecke Verlag).

UIS MYN 7 ▮ B3

Der Kunstort in 30 km Entfernung zum Brandberg mit Hotels, Guesthouses und Zeltplätzen wurde für die Arbeiter der nahen Zinn- und Wolframmine errichtet. Die Mine ist stillgelegt, nun bieten Einheimische Mineralien und Kristalle zum Kauf an. Seit Jahren gibt es Überlegungen, die hier vorhandene Infrastruktur stärker touristisch zu nutzen.

PALMWAG 8 ▮ B2

Eine wahre Palmenoase: Palmwag besteht aus einer komfortablen Lodge und einem einfachen Campground um eine Wasserstelle. Das entlegene Fleckchen ist ein idealer Ausgangspunkt für Touren auf dem privaten Konzessionsgebiet von Palmwag. Es ist für die Wüstenelefanten bekannt, die durch die Riviere zwischen Küste und Inland hin und her ziehen. Falls Elefanten auf das Gelände kommen, heißt es ruhig bleiben und Abstand wahren, die Tiere sind nicht an Menschen gewöhnt und reagieren aggressiv. Fahrten auf dem Privatgebiet abseits der Hauptpad sind genehmigungspflichtig (Permits in der Lodge).

UNTERKUNFT

Palmwag Lodge €–€€€
Traditionslodge mit Bungalows und Camping, für das leibliche Wohl der Gäste wird

an der Poolbar und im Restaurant gesorgt. Vorausbuchung ist auch für den Campingplatz erforderlich.

• Tel. 0 64/40 30 96
  www.palmwaglodge.com

SESFONTEIN 9 B2

Sesfontein war der nördlichste deutsche Vorposten, 1896 hat man die Festung errichtet. Nach langem Leerstand wurde sie als luxuriöse Lodge restauriert. Im Tal um die »sechs Quellen« leben Herero und Damara. Palmen und wilde Feigen geben der Siedlung den Anstrich einer Saharaoase.

UNTERKUNFT

Fort Sesfontein Lodge €€€
Komfortable Zimmer, Pool, Bar und ein gutes Restaurant mit Südwester Küche.

• Tel. 0 65/68 50 34
  www.fort-sesfontein.com

AUSFLUG INS KAOKOVELD 10

Von Sesfontein führt eine wenig befahrene Piste 100 km nach Nordwesten, hinein ins Kaokoveld und bis zum Dorf **Purros** 10 A1. Dieses »Traditional Village« ist darauf eingerichtet, Gäste zu empfangen. Für die zweistündige Anfahrt benötigt man ein Allradfahrzeug.

OPUWO 11 B1

Opuwo (8000 Einw.) entstand als Militärsiedlung der südafrikanischen Armee im Krieg gegen die SWAPO. Mehrere Läden und ein Krankenhaus versorgen die Region mit dem Notwendigsten. Die Initiative Opuwo Art Promotions fördert den Verkauf von Kunsthandwerk der Himba und Herero.

💬 BESUCH IM HIMBA-DORF

Nachdem die traditionelle Kultur der Buschleute oder San heute weitgehend zerstört ist, erinnern die Himba (genauer: Ovahimba) als letzte Zeugen an präkoloniale Zeiten in Namibia. So wie sie heute noch leben, in mit Lehm und Dung verputzten Rundhütten, umgeben von ihren Herden, so lebten auch die Herero, als sie mit den ersten Weißen in Berührung kamen. Noch ist das Kaokoveld weitgehend von der Außenwelt isoliert und nur auf schlechten Pisten zu bereisen. Doch jede Verbesserung der Infrastruktur rückt die Himba ein Stückchen näher an die zweifelhaften Segnungen der Zivilisation heran. Der Ausbau des Straßennetzes bringt die Naturvölker in Kontakt mit Alkohol; Geld hält Einzug und ersetzt die Tauschwirtschaft; der Lockruf der Städte zerreißt die traditionellen Familienverbände; Tourismus degradiert Kultur und Riten zu Folklore. Doch noch begegnen den Reisenden offene, gastfreundliche Menschen, die mit Tauschwaren mehr anfangen können als mit Geld. Alle, die diese ungewöhnliche Region bereisen, sollten sich umsichtig und respektvoll verhalten und nur mit Erlaubnis fotografieren.

Afrikanisches Verkehrshindernis

INFO

Kaoko Information Centre

Infos über die Region und Kontaktbörse für Führer, Kunsthandwerksverkauf.

- Tel. 0 65/27 34 20
  www.facebook.com/kaokoinfo

UNTERKÜNFTE

Opuwo Country Lodge €€€

Sehr gute Lodge mit herrlichem Panoramablick ins Kaokoveld, mit Pool.

- Tel. 0 64/41 86 61 | www.opuwolodge.com

Omarunga Camp €€€ B1

Unterkunft der Extraklasse am Ufer des Kunene. Besuch von Himba-Dörfern, Wanderungen, auch Camping.

- Tel. 0 81/6 20 68 87
  omarungalodge.com

Camp Aussicht € B1

Zeltplatz und hoch über der Hügelwelt des Velds. Zum Aktivangebot gehört die Möglichkeit, im Bergwerk einen Dioptas zu entdecken und ein Himba-Dorf zu besuchen.

- 70 km südl. von Opuwo, 5 km abseits
  der C 43 | Tel. 0 61/23 43 42
  eden@africaonline.com.na

ETOSHA-NATIONAL-PARK 12 C1–C2

Der Etosha-Nationalpark ist eines der ältesten Schutzgebiete in Afrika, ein Dorado für Großwild wie Elefanten, Nashörner und Löwen sowie für unzählige Antilopen und Zebras.

Die **Etosha-Pfanne** (Etosha Pan) erreicht man über die beiden Haupteingänge des Nationalparks, das Anderson Gate im Südwesten und das Von Lindequist Gate im Osten. Weitere Zugänge ermöglichen das King Nehale Gate im Norden bei Andoni und das Galton Gate im Südwesten. Alle Tore werden bei Sonnenaufgang geöffnet und bei Sonnenuntergang geschlossen; Motorräder sind nicht zugelassen. In der Regenzeit ist Malariaprophylaxe erforderlich. Alle Pads sind für den Pkw-Verkehr trassiert, Camps und Zeltplätze durch Zäune vor den Tieren geschützt.

Der 22 270 km² große Nationalpark gliedert sich in einen zentralen und einen östlichen Teil sowie den wenig besuchten westlichen Bereich. Die Pads verlaufen am Südrand der Salzpfanne von **Okaukuejo** über Halali nach Namutoni.

Abstecher führen zu natürlichen oder künstlich angelegten Wasserstellen, an denen sich die besten Möglichkeiten zur Tierbeobachtung bieten. Im Winter konzentrieren sich die Herden um die permanenten Wasserstellen; im Sommer wandern sie. Gnus, Zebras und Antilopen sind fast überall in Etosha anzutreffen. Das scheue Spitzmaulnashorn lässt sich am besten nachts an der Wasserstelle von Okaukuejo beobachten. Löwen werden häufig am Vormittag bei Okondeka gesichtet. Geparde wiederum bevorzugen das Gebiet um Namutoni und Charitsaub. Elefanten halten sich in Olifantsbad und Rietfontein oder Kalkheuwel auf, Giraffen und die Vogelwelt leben überwiegend im Gebiet der Baumsavanne.

Um die 5000 km² große, vegetationslose Salzpfanne wächst Zwergbuschsavanne, die nach Westen in Dornbuschsavanne, nach Osten in Baumsavanne übergeht. Die Mopanebäume und die mit roten Blüten übersäten Blutfruchtbäume sind die vorherrschenden Arten. Bei Okaukuejo recken Moringabäume ihre kahlen Äste in den Himmel. Dieser »Märchenwald« gibt der Landschaft eine gespenstische Prägung.

In Etosha liegen fünf staatliche Camps: Okaukuejo, Halali, Namutoni, das Luxuscamp Onkoshi und das Dolomite Camp im Westen des Parks. Weiterhin gibt es noch einen reinen Campingplatz im Westen (Oilfantsrus). Die ersten drei bieten Chalets und Zeltplätze, Onkoshi ist ein All-inclusive-Camp. Dolomite, das exklusivste Camp von Namibia Wildlife Resorts, verfügt über 18 Chalets. Die Preise bewegen sich im oberen Segment. Die Buchung sollte Wochen vorher erfolgen. Jedes

Springböcke, Giraffe und Nashorn an einer Wasserstelle in der Etosha-Pfanne

Camp besitzt einen Pool, ein Restaurant, einen Laden und eine beleuchtete Wasserstelle. In der Nähe des Süd- und Osttores gibt es zahlreiche private Lodges und Gästefarmen.

UNTERKÜNFTE

Okaukuejo 🔖 C2, **Halali** 🔖 C2, **Namutoni** 🔖 C1, **Onkoshi** 🔖 C1, **Dolomite** 🔖 B2, **Olifantsrus** 🔖 C2 €€–€€€

Staatliche Rastlager mit Bungalows unterschiedlicher Kategorie und Zeltplätzen, Restaurants und Schwimmbädern. Auf den Zeltplätzen und bei den Chalets ist das Grillen reglementiert bzw. verboten. In den Restaurants muss man daher teilweise lange warten. Kern des **Namutoni Restcamps** ist das alte deutsche Fort am beleuchteten King Nehale Wasserloch.

• Namibia Wildlife Resorts Ltd.
  Tel. 0 61/2 85 72 00 | www.nwr.com.na
  www.etoshanationalpark.org

Onguma Safari Camps €–€€€ 🔖 C1

Das Gelände des Onguma-Reservats grenzt im Osten an den Etosha-Nationalpark und bietet Unterkünfte vom einfachen Zeltcamp bis zur luxuriösen Suite. Aufmerksamer Service, Pirschfahrten und köstliche Abendessen unterm Sternenhimmel.

• Tel. 0 61/23 70 55 | www.onguma.com

Toshari Lodge €€ 🔖 C2

Günstig gelegen, angenehm und nicht zu teuer, mit Pool.

• An der C 38 zwischen Outjo und Anderson Gate | Tel. 0 67/33 34 40
  www.toshari.com

Etosha Safari Camp €–€€ 🔖 C2

Günstigste Unterkunft am Park, Campingplatz und Bungalows, Restaurant, Pool und Wanderwege.

• 10 km vom Andersson Gate
  Tel. 0 61/42 72 00
  www.gondwana-collection.com

OVAMBOLAND 13 🔖 B1–C2

Kleine Dörfer säumen die Straßen, geflochtene Zäune begrenzen die Gärten, Erddämme halten das Wasser auf den Getreidefeldern. Zwar keine herausragenden Sehenswürdigkeiten, aber von Feldern und Gärten umgebene Gehöfte, flache, fischreiche Wasserläufe und farbenfrohe Märkte machen diese Region zu einem reizvollen Ziel in dem sonst so ariden Land. Die relative Fruchtbarkeit verdankt die auch als Ovamboland bekannte Region den jährlichen Überschwemmungen des Kuwelai aus Angola, der zwischen Februar und April mit Wasser und Schlamm den Nährboden für gute Ernten bringt. Danach überzieht frisches Grün das gelbbraune Land. Ihre Namen verdanken die Ovambo ihren südlichen Nachbarn, den Herero. Er soll »da drüben« bedeuten. Sie selbst benennen sich mit dem jeweiligen Stammesnamen wie Aandonga oder Ovakwanyama. Letztere bilden die größte Untergruppe.

Unter südafrikanischem Mandat erhielt die Region 1968 eine relative Autonomie. Armut und wachsende Arbeitslosigkeit nach dem Abzug der südafrikanischen Truppen und durch den Niedergang im Bergbau (viele Ovambo arbeiteten in den Minen) haben jedoch ihre Spuren hinterlassen. Slumähnliche Wellblechsiedlungen sind am Rand von Oshakati und Ondangwa entstanden; Alkoholismus und Kriminalität sind drängende Probleme. Das Schaffen von Arbeitsplätzen gehört daher zu den Anliegen der SWAPO-Regierung.

Uukwaluudhi Royal Homestead 📖 B1 liegt etwa 80 km östlich von Ruacana an der D 3612, die man über 30 km in Richtung Süden bis Tsandi befährt. Neben dem Gehöft des Ovambo-Königs Taapopi wurde ein traditioneller Kraal errichtet. Hier zeigen Ovambo nach Voranmeldung Tänze und Lieder, und zum Abschluss gibt es eine Audienz beim Herrscher (Tel. 0 65/27 35 04, www. uukwaluudhi-safarilodge.com).

Oshakati 📖 C1 (45 000 Einw.) ist ein lebhafter Verwaltungsort. Weil viele Ovambo in Zentralnamibias Industrie- und Handelszentren arbeiten, bestehen regelmäßige Sammeltaxiverbindungen nach Windhoek-Katutura › S. 69. Supermärkte, Tankstellen und der Markt versorgen mit allem Lebensnotwendigen.

Das **Nakambale Museum** erreicht man südlich der größeren Stadt **Ondangwa.** Die Kirche und die finnische Mission neben einem Ovambo-Gehöft dienen heute als Museum für die Geschichte der Missionierung im Ovamboland und für Kunsthandwerk (Mo–Fr 14–17, Sa 8–13, So 12–17 Uhr).

Etuna Guesthouse €–€€ 📖 C1
Aus einem Nacobta-Projekt entstandene Lodge mit sauberen Bungalows und Zimmern mit Bad, gutes Restaurant, Pool.
• Ogwediva/Oshakati | Tel. 0 65/23 11 77
www.etunaguesthouse.iway.na

Nakambale Restcamp € C1
Einfacher Übernachtungsplatz.
• Am östl. Stadtrand von Odangwa, 5 km Piste nach Süden | Tel. 0 65/24 56 68

AUSFLUG ZU DEN RUACANA FALLS 14 📖 B1

Auf gutem Asphalt erreicht man 170 km nordwestlich von Oshakati die Stelle, wo der Kunene River von Angola kommend auf die namibische Grenze trifft und bei den Ruacana Falls auf 700 m Breite 120 m in die Tiefe stürzt. Die Fälle gehören damit zu den höchsten der Welt. Allerdings führen sie meist nicht genügend Wasser, um diesen Superlativ auch bildhaft werden zu lassen, denn eine Staumauer auf angolanischem Boden hält die Fluten des Kunene zurück. In der Nähe befindet sich ein Himba-Markt.

TSUMEB 15 📖 D2

Ein Förderturm kündet das Städtchen (19 500 Einw.) an, dessen blühende Gärten und saubere Straßen so gar nicht zum Image einer Bergbaustadt passen wollen. Die alten Erzlagerstätten von Tsumeb waren erschöpft, doch seit die Kupfernachfrage weltweit gestiegen ist, lassen die Bergbaugesellschaften nun neue Minen bei Grootfontein und Kombat erschließen und planen den Bau einer Kupferraffinerie.

Das sehenswerte **Museum** in der Main Street am Park widmet sich vor allem der Geschichte des Bergbaus und der Verhüttung. Bereits die

Buschleute kannten den Malachitberg von Tsumeb. Die Erze tauschten sie bei Ovambo-Händlern gegen Perlen, Salz und Eisenwaren. Die Mineralien und Schmucksteine dokumentieren den Reichtum der Lagerstätten im Dreieck (Mo–Fr 9–12 und 14–17 Uhr, Sa 9–12 Uhr).

INFO

Travel North Namibia
- Omeg Allee Road | Tsumeb
  Tel. 0 67/22 07 28
  www.travelnorthguesthouse.com

UNTERKUNFT

Minen-Hotel €–€€ D2

Terrasse unter Bäumen; ein Muss für alle, die die originellen Blüten der deutsch-afrikanischen Mischkultur ebenso lieben wie Schlachtplatte mit Sauerkraut. Die modernisierten Zimmer genügen auch gehobenen Ansprüchen.
- Post Street | Tsumeb
  Tel. 0 67/22 10 71 | www.minen-hotel.com

SHOPPING

Tsumeb Cultural Village

Kunsthandwerk; im Kraal werden Musik und Tänze gezeigt, dazu gibt's afrikanisches Essen (tgl. 8–18 Uhr).
- Am südlichen Stadteingang | Tsumeb
  Tel. 0 67/22 07 87

GROOTFONTEIN 16 ▮ D2

Grootfontein (23 000 Einw.) bildet den östlichen Eckpunkt des Kupferdreiecks von Tsumeb und Otavi. Die nahen Minen sind der wichtigste Arbeitgeber der Stadt. Sehenswertes ist kaum zu verzeichnen. Auf einem Hügel erinnert die restaurierte und als Museum genutzte Festung an die ehemals deutsche Präsenz (Mo–Fr 9–12.30, 14–16.30 Uhr). Die Ausstellung zeigt Gegenstände aus dem Alltagsleben der Farmer.

UNTERKÜNFTE

Gästefarm Dornhügel €€ ▮ D2

Eine der schönsten und angenehmsten Farmen im Land. › mehr S. 12 Punkt ❸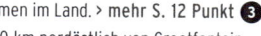
- 40 km nordöstlich von Grootfontein
  Tel. 0 67/24 04 39 | www.dornhuegel.com

Beyer Self-Catering €€ ▮ D2

Ferienhaus mit zwei Schlafzimmern (mit Bad) und einem Garten.
- Moltke Street | Grootfontein
  Tel. 0 67/24 05 80
  www.beyer-namibia.com

Maori Camp € ▮ D2

Netter, schattiger Zeltplatz auf einer Straußen- und Zitrusfarm, einfache Bungalows und Stellplätze, sehr hilfsbereite deutsche Besitzer.
- 4 km nordöstlich Richtung Rundu
  an der D 2885 | Tel. 0 81/3 47 10 05
  maoricamp.wix.com/grootfontein

AUSFLUG ZUM HOBA-METEORIT ▮ D2

Ein kurzer Trip (30 km) auf der Piste D 2859 macht mit einem uralten Außerirdischen bekannt: dem 60 t schweren Meteoriten, der wahrscheinlich vor ca. 80 000 Jahren hier einschlug. Die etwas steril wirkende Anlage um den 1920 entdeckten großen Eisenmeteoriten wurde mit finanzieller Beteiligung der Rössing Foundation errichtet.

DER CAPRIVI-STRIP

Elefanten beim Bad im Cuando,
Chobe-Nationalpark

Auf dem Weg zum Weltnaturerbe Victoriafälle locken zahlreiche Nationalparks und Schutzgebiete im Okavango-Delta und seiner Umgebung. Aufgrund der wasserreichen Region gedeihen hier jedoch auch Mücken.

Wie ein grüner Zeigefinger weist der Caprivi-Strip von Namibia aus auf die dichten Waldlandschaften der Nachbarländer Botswana, Sambia und Simbabwe. Der schmale Streifen entlang den Flüssen Kavango und Sambesi verbindet Namibia mit einigen der faszinierendsten Naturwunder Afrikas: den beiden Weltnaturerbestätten **Victoriafälle** (Sambia/Simbabwe) und **Okavango-Delta** (Botswana), dem wildreichen **Chobe-Nationalpark,** und dem Weltkulturerbe **Tsodilo Hills.**

Auf dem Weg nach Osten passiert man zwischen Okavango und Chobe den **Bwabwata-Nationalpark,** ein Naturschutzgebiet, das seit seiner Einrichtung 1963 eine wechselvolle Geschichte hatte. Zwischen 1968 und 1989 lagen wichtige Operationsbasen des südafrikanischen Militärs im Caprivi. Der Wildpark wurde für Besucher gesperrt, nur die Durchfahrt blieb gestattet. Mit der Unabhängigkeit Namibias 1990 begannen die Behörden auch wieder mit der Entwicklung des Nationalparks. Der Mudumu-Nationalpark wurde mit dem Caprivi Game Park zum Bwabwata-Nationalpark zusammengefasst. Weitere Schutzgebiete im Caprivi sind die Reservate von Mamili und Mahango und die Buffalo Conservancy Area mit ihren großen Büffelherden. Alle Parks und Schutzgebiete der Region und der Nachbarländer gehören zum **KAZA Transfrontier Park;** er ist damit einer der größten Schutzgebiete der Erde.

Für die Region ist **Malariaprophylaxe erforderlich,** an den Flüssen ist **Vorsicht vor Flusspferden und Krokodilen** geboten.

Zurzeit sollte man **nicht nach Simbabwe reisen.** Das Land steckt in einer schweren Krise, nachdem die Ergebnisse der Wahlen von 2018 seitens der Opposition angezweifelt werden. Verschärft wird die Situation durch die anhaltend schlechte wirtschaftliche Lage; deshalb sollte man bis auf Weiteres die **Victoriafälle von Sambia (Livingstone) aus besuchen,** was gefahrlos möglich ist (www.auswaertiges-amt.de ▶ S. 153).

Hungriges Hippo

TOUREN IN DER REGION

Für die Fahrt mit einem Mietwagen müssen Sie sich die Genehmigung des Vermieters zur Weiterfahrt nach Sambia und Botswana besorgen. Die Touren sind alle gut mit einem normalen Pkw zu absolvieren. Reist man nach Namibia zurück, muss für das Fahrzeug eine Grenzübertrittsgebühr bezahlt werden.

PER HAUSBOOT INS OKAVANGO-DELTA

> **ROUTE:** Mohembo › Panhandle › Sepupa Swamp Stop › Hausboot

> **KARTE:** Seite 134
> **DAUER:** mindestens 2 Tage
> **PRAKTISCHE HINWEISE:**
> - Pkw genügt für die Anfahrt; bitte beachten Sie die Hinweise zur Sicherheitslage › S. 131.
> - Buchungen über Okavango House Boats › S. 136.

TOUR-START:
Hat man die Grenzformalitäten am Grenzposten **Mohembo** (am südlichen Ausgang des Mahango-Parks) erledigt, folgt man der Asphaltstraße jenseits der Grenze nach Süden, parallel zum **Panhandle** des Okavango-Deltas. Nach 60 km zweigt eine kurze Piste zum **Sepupa**

Swamp Stop ab. Hier kann man parken und wird von einem Shuttle-Boot abgeholt. Bei der einstündigen Fahrt durch die riedgrasbestandenen, wild mäandernden Flussarme verliert man jegliche Orientierung. Doch schließlich sind die drei **Hausboote** erreicht, die jeweils mehrere Kajüten mit eigenem Bad besitzen. Auf den großen Decks lässt es sich tagsüber herrlich faulenzen, und weil selbstverständlich der eigene Fang auf den Tisch kommt, geht es morgens und abends mit kleinen Booten ins Delta zum Angeln.

AUF SAFARI IM CHOBE-NATIONALPARK

> **ROUTE:** Kasane › Chobe-Nationalpark

> **KARTE:** Seite 134
> **DAUER:** 3–4 Tage
> **PRAKTISCHE HINWEISE:**
> - Für die Anreise genügt ein Pkw; bitte beachten Sie die Hinweise zur Sicherheitslage in Simbabwe › S. 131.
> - Buchungen z. B. über Janala Safaris & Tours, Kasane, Tel. +2 67/6 25 17 75, www.janalatours-botswana.com

TOUR-START:

In **Kasane** **8** › S. 137 starten die Safaris in den **Chobe-National-park.** Das Schutzgebiet beginnt am Zusammenfluss von Chobe und Sambesi und erstreckt sich nach Westen dem Ufer des Chobe folgend sowie nach Süden bis zum **Okavango-Delta** **4** › S. 135. Salzpfannen, dichter Busch und weite Ebenen wechseln sich ab. Dank der Fülle an Wildtieren ist das Gebiet ein beliebtes Ziel für Safaris, die allerdings ein geländegängiges Fahrzeug erfordern, denn die Wege sind nicht aufbereitet. Die Touren werden als Campingsafaris durchgeführt, man nächtigt an unterschiedlichen Stellen und kann sich tagsüber bei Pirschfahrten und Wanderungen auf die Tierwelt konzentrieren. Es ist eindrucksvoll, nachts im Busch den Schakalen und Löwen zu lauschen, dem Brüllen der Paviane und dem sanften Fußtritt der Elefanten.

UNTERWEGS IM CAPRIVI-STRIP

RUNDU **1** 📱 E1

Die Ortschaft (20 000 Einw.) am Ufer des Kavango bietet vor der Einfahrt in den Caprivi-Strip die letzte Möglichkeit, Vorräte aufzustocken – und möglichst auch Benzin und Wasser, denn die Versorgung in den Siedlungen entlang dem Trans Caprivi Highway ist nicht verlässlich. Bis zur nächsten Unterkunftsmöglichkeit an den Popa-Fällen sind es 200 km; wer also spät am Tag in Rundu eintrifft, sollte hier besser übernachten.

Rundu ist der Hauptort der bantusprachigen Kavango-Völker, die wie die Nachbarn im Ovamboland von Ackerbau und Viehzucht leben. Der von Ochsen gezogene Schlitten ist typisches Fortbewegungsmittel im Kavango-Gebiet, denn tiefer Sand macht es abseits der Hauptstraße schwierig, mit einem Wagen zu den kleinen Siedlungen vorzustoßen. Die ursprünglich aus ostafrika stammenden Kavango-Völker gliedern sich in fünf Untergruppen, denen Könige vorstehen. Einigen Herrschern wird nachgesagt, Regen herbeibeschwören zu können.

UNTERKUNFT

Hakusembe River Lodge €€ 📱 E1
Angenehme Unterkunft am Kavango mit 22 komfortablen Bungalows, Zeltplatz und Pool.
• 16 km westlich von Rundu
Tel. 0 61/42 72 00 | Fax 25 18 63
www.gondwana-collection.com

POPA FALLS **2** 📱 F1

Die hübsche Anlage des staatlichen Restcamps unter Bäumen am Ufer lohnt einen Übernachtungsstopp trotz seiner einfachen Einrichtung. Freundliches Personal; Buchung in der Hauptsaison nur über das Büro in Windhoek.

UNTERKÜNFTE

Divava Okavango Lodge & Spa €€€ 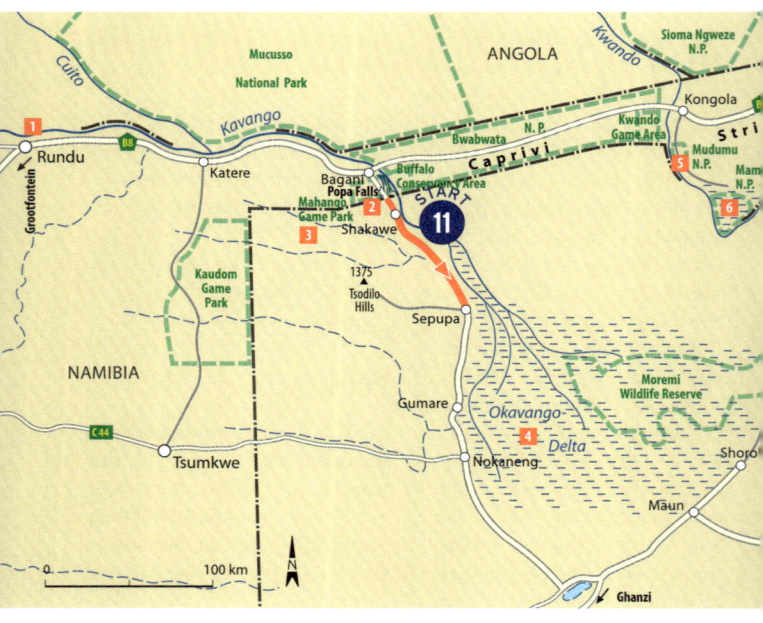 F1
Herrlich unter hohen Bäumen am Fluss gelegene Wellnesslodge, südlich von Divundu unweit der Popa Falls.
• Tel. 0 61/22 47 12 | www.divava.com

Mahangu Safari Lodge €€ E1
Gemütliche und komfortable Unterkunft mit Bungalows und Luxuszelten am Kavango. Unter deutscher Leitung.
• Am Mahango Park | Tel. 0 66/25 90 37
  www.mahangu.com.na

Popa Falls Restcamp € F1
Hütten und Stell- bzw. Zeltplätze mit Lebensmittelladen für den Grundbedarf.
• am Südufer des Kavango
  Tel. 0 61/2 85 72 00
  www.nwr.com.na

AUSFLUG ZUM MAHANGO GAME PARK 3 E1–F1

Der kleine, sehenswerte Mahango Game Park (tgl. 8–18 Uhr), Teil des Bwabwata-Nationalparks, zeigt sich mit Galeriewäldern am Flussufer, in dem viele Vogel- und Antilopenarten leben, darunter die seltenen Rappenantilopen. Im Wasser tummeln sich Flusspferde und Krokodile, Elefanten kommen zum Trinken an den Fluss. Die Hauptpad durch den Park ist außerhalb der Regenzeit auch mit dem Pkw befahrbar. Auf der botswanischen Seite (Grenze Mohembo) setzt sich die Pad als geteerte Straße bis nach Maun fort und umrundet das Okavango-Delta.

OKAVANGO-DELTA 4 12 ▥ F1–F2

Das Binnendelta des Okavango ist eine einzigartige Naturlandschaft und seit 2014 Weltnaturerbe. Ganzjährig mit Wasser gesegnet, ist es einer der Hauptanziehungspunkte für die Tierwelt des südlichen Afrika. Wenn es in Angola regnet, wälzen sich gewaltige Wassermassen durch das Flussbett des Okavango nach Süden und gelangen durch das Panhandle ins Delta; der Wasserspiegel steigt über Wochen hinweg stetig. Versiegt der Wasserzufluss, nimmt das Wasser aus dem Delta den umgekehrten Weg und speist das Panhandle; der Wasserspiegel sinkt, Inseln werden wieder zu Festland. In diesem Ökosystem leben all die Tiere, die Touristen zu sehen wünschen: Flusspferde, Elefanten, Giraffen, Löwen, Antilopen, Nashörner, Schakale und Hyänen. Auf Spaziergängen und mit dem gestakten Einbaum, dem *mokoro,* geht es durch das Schilf der Wasserarme, vorbei am äsenden oder trinkenden Wild und bunt gefiederten Vögeln. Und wer sein Glück mit der Angel versuchen will: Nichts ist einfacher und ein guter Fang garantiert.

UNTERKÜNFTE

Drotsky's Cabins/Xaro Lodge €€€ ▥ F1
Romantisch am Okavango gelegene Bungalows, stilgerecht eingerichtet, Restaurant mit Grillgerichten, Bootstouren;

TOUREN IM CAPRIVI-STRIP

TOUR 11

PER HAUSBOOT INS OKAVANGO-DELTA

Mohembo > Panhandle > Sepupa
Swamp Stop > Hausboot

TOUR 12

AUF SAFARI IM CHOBE-NATIONALPARK

Kasane > Chobe-Nationalpark

Camping. Mit dem Boot geht es hinaus zur abgeschiedenen, luxuriösen Xaro Lodge mitten im Delta.

- 5 km außerhalb von Shakawe
  Buchung über Temba Safaris Südafrika
  Tel. +27/21/85 50 395
  www.drotskycabins.com

Okavango House Boats €€€ 📘 F1
Hausbootunterkunft in der Einsamkeit des Deltas bei Seronga; Möglichkeit zu Angelausflügen im Okavango.

- Im Delta des Okavango, Bootstransfer ab Sepupa Swamp Stop, Reservierung über Maun, Botswana | Tel. +2 67/6 86 08 02
  www.okavangohouseboats.com

MUDUMU- 5 📘 F1
UND MAMILI- 6 📘 F1
NATIONALPARK

Von Kongola aus besteht die Möglichkeit, zu den beiden Parks mit einem einzigartigen Fluss-, Seen- und Sumpfsystem zu fahren. Papyrusbestandene Wasserarme und Riedgrasinseln bilden die **Linyanti-Sümpfe** im Mamili-Park. Zu beobachten gibt es u. a. Kraniche, Afrikanische Zwerggänse, Höckerenten, Wasserböcke, Elefanten, Büffel und Warzenschweine. Auf den Pads in beiden Game Parks sind Geländewagen nötig. In der Regenzeit ist der Mamili-Nationalpark nur per Boot zu bereisen, am besten schließt man sich Exkursionen einer Lodge an.

UNTERKUNFT
Lianshulu Lodge €€€ 📘 F1
Charmante Lodge mit ausgezeichneter Küche, Pirschfahrten und Bootstouren.

- Im Mudumu-Nationalpark
  Tel. 0 61/22 44 20
  www.lianshulu.com

MAFWE LIVING MUSEUM

Auf der D 3502 nördlich von Kongola gelangt man am Pistenende zum Living Museum der Mafwe. Hier erlebt man das traditionelle Leben eines Volkes im Caprivi, mit Tanzvorführungen und Wanderungen im Busch (www.lcfn.info).

KATIMA MULILO 7 📘 G1

In dem regen Grenzort mit seinem bunten afrikanischen Markt an den Ufern des Sambesi kann man sich für die Weiterfahrt nach Victoria Falls (Simbabwe) bzw. Livingstone (Sambia) oder in den Chobe-Nationalpark (Botswana) mit Proviant eindecken. Hier veranstalten auch mehrere Reiseagenturen Geländewagen- oder Fly-in-Safaris zu den Sehenswürdigkeiten in den Nachbarländern, aber auch in die Mamili- und Mudumu-Nationalparks. Über die mautpflichtige, fast 1 km lange Brücke kommt man nach Absolvierung der Zollformalitäten am Wenela Border Post nach Sambia. Alternativ fährt man knapp 70 km weiter in Namibia nach Osten zum Ngoma Border Post an der Grenze Botswanas.

UNTERKUNFT
Zambezi Mubala Lodge €€–€€€ 📘 G1
Luxuriöse Zeltlodge am Zambezi (hauseigene Fähre).

• Tel. 0 61/42 72 00
  www.gondwana-collection.com

KASANE **8** 📱 G1
(BOTSWANA)

Kasane im Vierländereck Namibia, Botswana, Sambia und Simbabwe liegt am Zusammenfluss von Chobe und Sambesi und ist Startpunkt für zahlreiche Unternehmungen, wie Ausflüge in einem gestakten Einbaum, Pirschfahrten mit dem Boot, Sundowner-Fahrten auf Pontons und Safaris mit dem Auto in den **Chobe-Nationalpark** **9** 📱 G1–G2.

Zahlreiche Supermärkte, Banken und Hotels haben sich in dem modernen, touristischen Örtchen niedergelassen. Lodges mit dem höchsten nur vorstellbaren Luxus sind über die Inseln der beiden Flüsse verteilt, aber auch günstige Unterkünfte warten auf die Reisenden.

UNTERKÜNFTE
Kubu Lodge €€ 📱 G1
Die reizvoll am Ufer des Chobe gelegene Lodge besteht aus elf auf Stelzen erbauten Chalets mit bestem Ausblick.
• ca. 5 km außerhalb von Kasane
  Tel. 0 02 67/6 25 03 12
  www.kubulodge.net

Chobe Game Lodge €€€ 📱 G1
Die traditionsreiche Lodge gleicht eher einem Hotel (42 Zimmer), doch der Blick auf den Chobe River ist einzigartig und der Service perfekt.
• im Chobe-Nationalpark
  Tel. Tel. +27/21/8 55 03 95
  www.chobegamelodge.co.bw

Die eindrucksvollen Victoriafälle

Chobe Safari Lodge €–€€ 📱 G1
Lodge am Chobe, gute Fischgründe und wunderbare Sonnenuntergänge. Chalets im Kolonialstil und einfache Stellplätze fürs Zelt stehen zur Verfügung.
• Kasane | Tel. +2 67/6 25 03 36
  www.chobesafarilodge.com

Water Lily Lodge € 📱 G1
Günstige charmante Unterkunft in Form eines Rundbaus mit Innenhof, gutes Restaurant mit Hausmannskost.
• Kasane | Tel. +2 67/6 25 17 75
  www.waterlilylodge.com

VICTORIA-
FÄLLE **10** ⭐ 📱 G1–H1
(SAMBIA/SIBABWE)

Auf der simbabwischen Seite der Fälle liegt das Städtchen **Victoria Falls** (16 000 Einw.) am Rande der Sambesi-Schlucht. Die Victoria-

Falls-Brücke, die über die Schlucht führt, verbindet Simbabwe mit Sambia. In der Mitte verläuft die Grenze zwischen den beiden Ländern. In den letzten Jahren verzeichnete die Stadt aufgrund der politischen Entwicklung in Simbabwe einen deutlichen Besucherrückgang.

Auf sambischer Seite, etwa 10 km von den Fällen entfernt, liegt die Stadt **Livingstone** (110 000 Einw.), mehrere Hotels befinden sich aber direkt an den Wasserfällen. Die Victoriafälle – UNESCO-Weltnaturerbe – sind mit 110 m Höhe zwar 10 m niedriger als die Ruacana-Fälle, doch wirken sie wesentlich spektakulärer. Der 1700 m breite Sambesi verschwindet urplötzlich in voller Breite in einem tiefen Spalt, schäumt auf einigen Hundert Metern tosend durch diesen hindurch, um dahinter seinen trägen Lauf fortzusetzen.

Mehrere Aussichtspunkte in den hübsch gestalteten Parks auf beiden Seiten eröffnen immer neue, faszinierende Perspektiven auf dieses Naturschauspiel. Urwaldriesen, Lianen und Farne gedeihen in der ständig vom Sprühregen berieselten Schlucht. Bis zu 10 Mio. Liter Wasser pro Sekunde rauschen und gischten in der Regenzeit die Fälle hinunter, die 1855 vom berühmten Afrikaforscher und Missionar David Livingstone entdeckt wurden. »Donnernde Gischt« – *mosi-o-tun-ya* – nannten sie die Einheimischen, nicht ohne Grund. Wer hier entlang spaziert, wird bis auf die Haut durchnässt. An den Fällen stehen vielfältige Aktivitäten zur Auswahl: Rafting, Bungee-Jumping, Abseiling, Flüge mit Helikopter und Ultraleichtmaschinen.

INFO

Tourist Centre

- Mosi-o-Tunya Road | Livingstone
  Tel. +2 60/2 13/32 23 65
  www.livingstonetourism.com

UNTERKÜNFTE

Royal Livingstone Hotel €€€ 📕 G1

Luxusherberge, in der keine Wünsche offen bleiben, jedes Zimmer hat seinen eigenen Butler.

- Mosi-o-Tunya Road | Livingstone
  Tel. +2 60/3/32 11 22
  royal-livingstone.anantara.com

The Victoria Falls Hotel €€€ 📕 G1

Eine edle Bleibe mit altenglischem Kolonialcharme. Um in diesem nostalgischen Ambiente zu wohnen, muss man tief in die Tasche greifen.

- Victoria Falls | Tel. +2 63/2 13/2 84 47 51
  www.victoriafallshotel.com

Chrismar Hotel €€ 📕 G1

Angenehmes Hotel, das häufig von Gruppen gebucht wird. Pool, Bar und gutes Restaurant.

- Sichango Road | Livingstone
  Tel. +2 60/21/3 32 31 41
  www.chrismarhotels.com

Sprayview Hotel €€ 📕 G1

Das ruhig gelegene Haus besitzt nach umfassender Renovierung ein angenehmes Mittelklasseniveau.

- Reynard Road | Victoria Falls
  Tel. +2 63/2 13/2 84 43 44-6
  www.crestasprayview.com

EXTRA-TOUREN

Auf der Straße Richtung Brandberg
passiert man das Erongogebirge

JUGENDSTIL UND GAME DRIVES IN NEUN TAGEN – DER KURZTRIP

> **ROUTE:** Windhoek > Swakopmund > Hentjes Bay > Brandberg > Twyfelfontein >
> Etosha > Tsumeb > Otjiwarongo (Waterberg) > Okahandja > Windhoek
>
> **KARTE:** Faltkarte
> **DAUER: Windhoek > Swakopmund** 4 Std.; **Swakopmund > Hentjes Bay** 1 Std.;
> **Hentjes Bay > Brandberg** 3 Std.; **Brandberg > Twyfelfontein** 3 Std.; **Twyfelfontein >**
> **Etosha** 4 Std.; **Etosha > Tsumeb** 2 Std.; **Tsumeb > Otjiwarongo (Waterberg)** 3 Std.;
> **Otjiwarongo > Okahandja** 2 Std.; **Okahandja > Windhoek** 1 Std.
> **VERKEHRSMITTEL:** Mietwagenfirmen sind in Windhoek zahlreich vertreten, in
> Swakopmund ist das Angebot etwas eingeschränkt. Die erste Teilstrecke Windhoek
> > Swakopmund kann mit auch mit einem Busunternehmen zurückgelegt werden
> (z. B. Intercape). Für die dann erforderliche One-Way-Miete des Fahrzeugs wird ein
> Aufschlag berechnet. Ein Pkw ist für die Tour ausreichend.

Wer nur wenig Zeit hat, wird nach der Erkundung Windhoeks in aller Frühe aufbrechen, um möglichst viel vom Land zu sehen und eine kompakte Tour mit acht Übernachtungen zu erleben. Es geht zunächst nach Norden Richtung **Okahandja** › S. 73, dessen Holzschnitzermarkt Sie sich allerdings für die Rückfahrt aufsparen sollten. Nach einer kurzen Stärkung fahren Sie nach Westen Richtung Atlantik. Vorbei an kleinen Siedlungen wie Wilhelmstal geht es auf gerader Straße ereignisarm und beinahe unmerklich auf und ab. Für Abwechslung sorgen vielleicht eine Warzenschweinfamilie, die über die Straße saust, eine Antilope, die über einen Farmzaun springt, oder Paviane, die am Wegesrand konzentriert den vorbeifahrenden Wagen nachschauen.

Das Städtchen **Karibib** › S. 102 verdient wieder einen Halt. Im Henckerts Tourist Center (mit Filiale in Swakopmund) kann man Halbedelsteine nach Gewicht oder die Heilpflanze Teufelskralle erstehen. Wer zwei zusätzliche Tage erübrigen kann, sollte hier unbedingt nach Norden abbiegen, um Felsmalereien im Erongogebirge und das Künstlerstädtchen **Omaruru** › S. 100 zu besichtigen (Fahrzeit nach Omaruru 1 Std., ins Erongo 2 Std.).

Die nächste Station liegt bei Usakos, einem verschlafenen Nest am Rande des Erongo. Dort können Sie auf dem Gelände der **Ameib Gästehaus** (zz. geschl.) fantastische Gesteinsformationen und auch Felsmalereien › S. 102

bewundern (1 Std. Anfahrt). Weitere Kunstwerke dieser Art finden sich an den beiden Spitzkoppen. Das »Matterhorn Namibias« liegt abseits der Straße und ist in der Abendsonne am schönsten (Anfahrt 1 Std.). Nun folgt bis **Swakopmund** › S. 104 nur noch Landschaft – genießen Sie die Weite der Namib!

Die letzten Kilometer führen parallel zum Trockenflusstal des Swakop Rivier bis zur palmenbestandenen Stadteinfahrt am Atlantik. Besonders schön ist ein Stadtspaziergang zur Strandpromenade, um den Sonnenuntergang zu genießen und anschließend mit Blick übers Wasser leckeres Meeresgetier zu verspeisen. Im Hochsommer erfrischen sich Mutige mit einem Bad am nächsten Morgen, bevor sie zur Erkundung der wunderbar erhaltenen Kolonialbauten aufbrechen. Ein Besuch im Aquarium, im Museum und in einem typisch deutschen Café ist Pflicht. Nachmittags bietet sich ein ausgedehnter Einkaufsbummel an.

Am dritten Tag geht es in der Morgenfrische wieder los. **Hentjes Bay** › S. 109 ist nach kurzer Fahrt nach Norden erreicht. Der Fischerort dient zunehmend auch Touristen als Sommerfrische. Bevor man die Küste wieder verlässt, kann man auf einem lohnenden Abstecher nach **Cape Cross** am Meer entlang der Salzstraße nach Norden folgen (Anfahrt 1 Std.) und die Robbenkolonie mit 100 000 putzigen, aber nicht gerade wohlriechenden Pelztieren besuchen. Auf fester Piste (C 35) geht es nun nach Nordosten Richtung **Uis Myn** › S. 123. Man glaubt es nicht, aber diese einsam gelegene

Das Swakopmund Museum ist das größte »Heimatmuseum« Namibias

In der bizarren Felsenlandschaft liegen die Felsmalereien von Twyfelfontein

Minenstadt wählen manche Namibier als Altersruhesitz. 30 km im Westen ragt das dunkle Massiv des **Brandbergs** › S. 123 bedrohlich aus der Ebene. Sein Gipfel Königstein ist der höchste des Landes; an den Flanken hat die Urbevölkerung Namibias über 60 000 Felsmalereien und Gravuren hinterlassen, darunter die berühmte »Weiße Dame«.

Am nächsten Morgen beginnt die staubige Pistenfahrt zum Tagesziel **Twyfelfontein** › S. 121. Nach dem Einchecken in einer der Lodges der Umgebung ist am späten Nachmittag Zeit für die Besichtigung dieses Weltkulturerbes. Die Gravuren sind am frühen Abend am schönsten (und in dem felsigen Halbrund ist es nicht mehr so heiß). Am frühen Morgen kann man an einem Game drive zur Wildbeobachtung teilnehmen, dann geht's weiter nach Osten über das wenig lohnende Khorixas bis zum späten Mittagstisch in **Outjo** › S. 120. Nach einem Blick ins Museum Franke-Haus und in den Mineralienladen sollte man wieder aufbrechen.

Das Rastlager **Okaukuejo** › S. 126 im **Etosha-Nationalpark** muss vor Sonnenuntergang erreicht sein, sonst stehen Sie vor verschlossenen Türen. Nach dem Essen ist noch ein Besuch des beleuchteten Wasserloches angesagt, an dem sich besonders in der Trockenzeit alle Arten von Wild ein Stelldichein geben. Der nächste Tag ist ganz der Pirsch vorbehalten. Fahren Sie kreuz und quer, von Wasserloch zu Wasserloch, und suchen Sie nach Löwen, Elefanten, Geparden, Schakalen und Wildhunden. Antilopen, Zebras und Gnus stehen in riesigen Herden wie selbstverständlich am Wegesrand. Wer nicht ständig aus- und einpacken will, hat zwei Nächte in Okaukuejo gebucht; wer auch einmal im ehemaligen deutschen Fort Namutoni im Osten des Nationalparks schlafen möchte, hat dort für die zweite Nacht in Etosha ein Zimmer reserviert. Zum neuen Dolomite Camp im Westen des Parks fährt man 3–4 Stunden.

Vorbei am Otjikoto-See, der durch Einbrüche im Karstgestein entstanden ist, und durch die baumbestandenen Straßen der hübschen Minenstadt **Tsumeb** › S. 128 mit einem sehenswerten Museum geht es nun nach **Grootfontein** › S. 129 mit der deutschkolonialen Feste. Genächtigt wird auf einer der Gästefarmen in der Umgebung. Wieder auf der Straße besucht man westlich von Grootfontein noch den eisernen Meteoriten und fährt dann nach Süden bis **Otjiwarongo** › S. 119. Liebhaber von Krokodilleder werden auf der Crocodile Ranch fündig (alles streng nach Artenschutz und begrenzte Ausfuhr erlaubt). Weiter geht's zum Waterberg – Schicksalsort der Herero, die hier vor der deutschen Schutztruppe in die Omaheke-Wüste flüchteten und dort zu Tausenden umkamen. Der Inselberg nimmt in der Regenzeit wie ein Schwamm Wasser auf, sein Plateau ist ein Paradies für Tiere. Schließen Sie sich nach dem Abendessen in der ehemaligen deutschen Polizeistation einer der nächtlichen Pirschfahrten an. Am Morgen wandert man auf markierten Wanderwegen durch die üppige Vegetation.

Am letzten Tag steuert man über **Okahandja** › S. 73 Windhoek an, nicht ohne Souvenirs wie Schmuck, Schalen oder Tierfiguren vom Holzschnitzermarkt eingekauft zu haben (beachten Sie das Gepäcklimit der Airlines für den Rückflug!).

TOUR
14

WÜSTE, WEITE, WILDE TIERE – IN 14 TAGEN DURCH DEN NORDEN

ROUTE: Windhoek › Okahandja › Otjiwarongo › Etosha › Caprivi-Strip › Victoriafälle › Okavango-Delta › Gobabis › Windhoek

KARTE: Faltkarte
DAUER: **Windhoek** › **Okahandja** 1 Std.; **Okahandja** › **Otjiwarongo** 2 Std.; **Otjiwarongo** › **Etosha** 4 Std.; **Etosha** › **Rundu** 5 Std.; **Rundu** › **Katima Mulio** 6 Std.; **Katima Mulio** › **Victoriafälle** 4 Std.; **Victoriafälle** › **Westliches Okavango-Delta** 6 Std.; **Westliches Okavango-Delta** › **Gobabis** 6 Std.; **Gobabis** › **Windhoek** 3 Std.
VERKEHRSMITTEL: Bei der Anmietung müssen Sie den Vermieter auf die Grenzübertritte hinweisen und das Fahrzeug für die Nachbarländer Sambia, Simbabwe und Botswana freischreiben lassen. Für Fahrzeuge sind an den Grenzen der Nachbarländer verschiedene Gebühren (Versicherungen, Straßenbenutzungsgebühren u. a.) zu entrichten. Bei der Wiedereinreise erhebt Namibia auf jedes Fahrzeug eine Grenzübertrittsgebühr.

Nachdem Sie am Vortag die Hauptstadt besichtigt haben, beginnt die Tour bei Tagesanbruch. Die erste Station ist **Okahandja** › S. 73. Nach einem Kaffee schlendern Sie über den Markt der Holzschnitzer. Vor dem Souvenirkauf sollten Sie bedenken, dass die Schnitzer genau da herkommen, wohin Sie unterwegs sind – aus dem Caprivi. Dort stehen die Chancen mindestens ebenso gut, ein Schnäppchen zu machen.

Kurz vor **Otjiwarongo** › S. 119 nehmen Sie den Abzweig zum Waterberg. Am geschichtsträchtigen Ort der Schlacht am Waterberg wird übernachtet, sei es im staatlichen Rastlager, der Waterberg Wilderness Lodge mit ihren spannenden Pirschfahrten oder auf der Gästefarm Hamakari (www.hama kari.com), wo sich die Führer der Herero nach der Schlacht zur so folgenschweren Flucht in die Omaheke-Wüste entschieden.

Am Vormittag geht es dann weiter Richtung **Etosha.** In **Tsumeb** › S. 128 besuchen Sie das Museum und speisen zu Mittag. Vorbei am Karstsee Otjikoto ist bald das Eingangstor des **Etosha-Nationalparks** › S. 125 erreicht. Zwei Nächte sind hier mindestens angeraten. Das dichte Straßennetz führt zu Wasserstellen und über weite Buschsavanne mit dem reichen Wildbestand des über 100 Jahre alten Schutzgebietes. Löwen, Elefanten, Nashörner, Giraffen und unendlich viele Antilopen liefern jede Menge Fotomotive. Die Abende klingen an den beleuchteten Wasserlöchern aus. Diejenigen, die dann noch nicht müde sind, nehmen an einer der nächtlichen Pirschfahrten teil.

Nun geht's bis Tsumeb auf derselben Strecke zurück und von dort weiter nach **Grootfontein.** Für eine Übernachtung nach dem Besuch des Hoba-Meteoriten und des Museums in einer alten deutschen Polizeistation bietet

Alt-Eisen: der Hoba-Meteorit schlug vor ca. 80 000 Jahren hier ein

sich die Dornhügel-Gästefarm an. Hier erfährt man allerlei über das Farm-
leben im Maisdreieck und kann sich nebenher am Pool entspannen.

Am nächsten oder übernächsten Morgen fahren Sie auf schnurgerader
Straße an Farmzäunen entlang, bis Sie an einem Veterinärkontrolltor das
Farmland verlassen und auf kommunales Gebiet kommen. Hier beginnt
urplötzlich das »klassische« Schwarzafrika: Dörfer und Hütten aus Schilf am
Wegesrand begleiten Sie nun, Ziegen, Esel und Kühe beäugen und queren
die Straße. Die Fahrt in den Norden endet am Kavango-Fluss in der Stadt
Rundu › S. 133 an der Grenze zu Angola. Rundu hat außer Supermärkten
und Tankstellen wenig zu bieten. Deshalb geht es noch am Nachmittag weiter, jetzt schnurgerade nach Osten. An der Brücke über den Kavango (oder
Okavango) bei Bagani befinden Sie sich schon im **Caprivi-Strip** › S. 130.
Bleiben Sie am westlichen Ufer und folgen Sie ihm nach Süden. Im Schutzgebiet der **Popa Falls** › S. 133, der sehenswerten Stromschnellen des Okavan-
gos, befindet sich ein Rastlager. Komfortabler sind die Unterkünfte in der
Umgebung wie die Mahangu Safari Lodge, wo abends noch eine Pirschfahrt
mit dem Boot auf dem Programm steht. Wer es eilig hat, besucht dieses
Gebiet erst auf dem Rückweg.

Nach einer Tour durch den **Mahango Game Park** › S. 134 geht es ab Bagani weiter zum Caprivi-Strip, der als Bwabwata-Nationalpark und als Kaza
Transfrontier Park geschützt ist. Häufig ist die Straße von großen Elefanten-
herden bevölkert, die aus dem Okavango-Delta herüberziehen oder dorthin
unterwegs sind. Weitere Schutzgebiete sind der Mudumu-Nationalpark und
die Buffalo Conservancy Area östlich des Kavango. 2011 wurde der ganze
Bereich mit angrenzenden Gebieten in Sambia, Botswana, Simbabwe und
Angola zum Kaza Transfrontier Park erklärt.

In **Katima Mulilo** › S. 136 kann man einkaufen und auf dem Kunsthand-
werksmarkt Holzschnitzereien erwerben. Dann überquert man die (mautpflichtige) Brücke über den Sambesi in Richtung Sambia. Parallel zum Fluss
geht es nun bis Livingstone bei den Victoriafällen. Alternativ kann man aber
auch von Katima Mulilo nach Südosten fahren, bei Ngoma Bridge über den
Fluss Chobe nach Botswana einreisen und dieses Land bei Kasane entweder
in Richtung Sambia verlassen (mit der Fähre, dann auf der Straße weiter
nach Livingstone) oder per Straße die Grenze nach Simbabwe überqueren
und bis zum Ort Victoria Falls fahren.

Das Weltnaturerbe **Victoriafälle** › S. 137 verdient einen zweitägigen Aufenthalt. Sowohl von Victoria Falls (Simbabwe) als auch von Livingstone
(Sambia) aus sind die Fälle zu besichtigen. Erkundigen Sie sich jedoch vorab
in Livingstone nach der aktuellen politischen Lage in Simbabwe › S. 131. Mit
einem Tagesvisum kann man auf der alten Eisenbahnbrücke über die Fälle
vom einen Land ins andere und zurück gehen. Wie ein Nieselregen senkt
sich die hochwirbelnde Gischt auf Besucher. Kein Wunder, dass der Tourismus die Fälle fest im Griff hat.

Nun steht die lange und eintönige Fahrt zurück nach Bagani bei den Popa Falls an (entweder über Simbabwe und Botswana oder über Sambia direkt nach Katima Mulilo). Nur mit geländegängigem Wagen kann man von Kasane in Botswana her kommend das **Okavango-Delta** › S. 135 ansteuern (die Pisten sind teils tief sandig, teils stark ausgespült). Diese Strecke führt durch den Chobe-Nationalpark und das zum Weltnaturerbe erklärte Moremi Game Reserve. Die Buffalo Conservancy Area am östlichen Flussufer des Okavango lohnt in jedem Fall einen Besuch. Von der Grenze geht es zu Drotsky's Cabins und der Xaro Lodge (Anfahrt 1 Std.), seit vielen Jahren ein obligatorischer Stopp am Panhandle, dem »Pfannenstiel« des Okavango, wo sich der Fluss gabelt und zum Delta verzweigt. Hier wird geangelt und die Tierwelt vom Boot aus bewundert.

Ein Tagesausflug führt nach Westen zum Welterbe **Tsodilo Hills** mit seinen Felsmalereien und Gravuren auf drei der Kalahari-Wüste entwachsenden, markanten Hügeln. Südlich von Drotsky's starten bei Sepupa Swamp Stop die Zubringerboote zu den **Hausbooten** mitten im Delta. Auf ihnen lässt es sich angenehm wohnen, während die Angel im Wasser hängt und fast wie von selbst das Abendessen fängt.

Nun fährt man westlich des Deltas nach Süden bis zum Kalahari Highway, der bei **Ghanzi** erreicht ist – dem Versorgungspunkt des Schwerlastverkehrs zwischen Walvis Bay und Johannesburg durch das Herzland der Kalahari. Die San verkaufen hier Kunsthandwerk und laden zu Touren in die Wüste ein. Bei Mamuno gelangt man über den Grenzort Buitepos wieder nach Namibia. In **Gobabis,** 200 km östlich von Windhoek, befindet man sich schließlich im Cattle Country (Land der Rinder). Viele der Rinderfarmen werden von deutschstämmigen Farmern betrieben. Ein Museum zeigt all das, was vor 100 Jahren zur Farmbewirtschaftung notwendig war. An Gästefarmen, Lodges und am internationalen Flughafen vorbei gelangt man zum Ausgangspunkt der Reise.

NATURWUNDER

- **Sossusvlei** Hoch türmt sich das Sandgebirge der Dünen in der Wüsten-Namib › S. 81.
- **Fish River Canyon** Von oben blickt man in eine der weltweit größten Schluchten › S. 88.
- **Giants' Playground** In großer Zahl über die Landschaft verteilte Granitmurmeln mit perfekten Rundungen › S. 91.
- **Vingerklip** Schlanke, 35 m hohe Felsnadel im weiten Tal des Ugab-Riviers › S. 121.
- **Hoba-Meteorit** – Nach langer Reise durch den Weltraum vom Himmel gefallenes Eisenpaket › S. 129.
- **Victoriafälle** Die gigantischen Wassermassen eines der größten Wasserfälle der Welt stürzen in eine tiefe Schlucht › S. 137.

BERGE, LÖWEN, TEPPICHE – ZWEI WOCHEN IM SÜDEN

ROUTE: Windhoek › Okahandja › Omaruru › Spitzkoppe › Swakopmund › Walvis Bay › Naukluft › Sesriem/Sossusvlei › Duwisib › Tirasberge › Aus › Lüderitz › Fish River Canyon › Keetmanshoop › Mata Mata (Kgalagadi Transfrontier Park) › Kiripotib › Dordabis › Peperkorrel › Windhoek

KARTE: Faltkarte
DAUER: **Windhoek** › **Okahandja** 1 Std.; **Okahandja** › **Omaruru** 2 Std.; **Omaruru** › **Spitzkoppe** 3 Std.; **Spitzkoppe** › **Swakopmund** 2 Std.; **Swakopmund** › **Walvis Bay** 1 Std.; **Walvis Bay** › **Naukluft** 4 Std.; **Naukluft** › **Sesriem/Sossusvlei** 2 Std.; **Sesriem/Sossusvlei** › **Duwisib** 3 Std.; **Duwisib** › **Tirasberge** 2 Std.; **Tirasberge** › **Aus** 2 Std.; **Aus** › **Lüderitz** 2 Std.; **Lüderitz** › **Fish River Canyon** 6 Std.; **Fish River Canyon** › **Keetmanshoop** 3 Std.; **Keetmanshoop** › **Mata Mata (Kgalagadi Transfrontier Park)** 5 Std.; **Mata Mata (Kgalagadi Transfrontier Park)** › **Kiripotib** 6 Std.; **Kiripotib** › **Dordabis** 1 Std.; **Dordabis** › **Peperkorrel** 1 Std.; **Peperkorrel** › **Windhoek** 2 Std.
VERKEHRSMITTEL: Wenn Sie Ihren Mietwagen bestellen, klären Sie unbedingt mit dem Vermieter, dass Sie die Grenze nach Südafrika überqueren und den Kgalagadi Transfrontier Park besuchen wollen. Bei der Wiedereinreise verlangt Namibia für jedes Fahrzeug eine Grenzübertrittsgebühr.

Über die Schnellstraße nach Norden verlassen Sie Windhoek im Laufe des Vormittags – die Tagesetappe ist nicht allzu lang. In **Okahandja** › S. 73 ist Zeit für ein Mittagessen und den Souvenireinkauf auf dem Holzschnitzermarkt, bevor es zunächst in Richtung Westen weitergeht. Bei Wilhelmstal, nicht viel mehr als ein Schild, verlassen Sie die Asphaltstraße und folgen der Piste nach Norden Richtung **Omaruru** › S. 100, dem Tagesziel. Mehrere Hotels bieten Unterkunft an, darunter das hübsche Kashana Guesthouse mit Werkstätten und Shops mehrerer Künstler. Besuchen Sie unbedingt die Ateliers von Tikoloshe am Ortsausgang Richtung Swakopmund; im Angebot sind aberwitzig abstrakte Schnitzereien, inspiriert vom gewundenen Wuchs des Wurzelholzes. Am Abend gönnen Sie sich vielleicht eine Stadttour in einem Eselkarren.

Am nächsten Morgen geht es hinein in den Krater des **Erongomassivs** › S. 100. Übernachten Sie in der Ai Aiba Rock Painting Lodge und nehmen Sie an der abendlichen Rundfahrt zu den Felsmalereien teil. Tagsüber bleiben Sie am Pool, gehen auf eigene Faust auf Entdeckungstour oder unternehmen einen Ausflug zu den Dinosaurierfußspuren im Norden (Anfahrt knapp 2 Std.).

Von Omaruru folgen Sie morgens der Asphaltstraße nach Süden bis **Karibib** › S. 102. Im Henckerts Tourist Center finden Sie die größte seriöse Auswahl an Mineralien und Halbedelsteinen im ganzen Land. Hier erhalten Sie Teufelskralle, die, pulverisiert und als Aufguss getrunken, bei Arthrose hilft. Jetzt geht es noch einmal zum Erongo. Bei Usakos, einst Angel- und Drehpunkt der Eisenbahn Namibias, führt eine Piste über 20 km an die südliche Flanke des Gebirges zur Farm Ameib (zz. geschl.), auf deren Gelände eine außergewöhnliche Felsformation und eine berühmte Felsmalerei zu besichtigen sind. Bei der Weiterfahrt können Sie noch einen Ausflug zur **Spitzkoppe** › S. 103 unternehmen und sich dort zwischen den Granitkegeln vergnügen oder zu Bushman's Paradise aufsteigen, von wo die San einst die Züge des Wildes beobachteten und ihre Jagdstrategie diskutierten. Spätabends kommen Sie nach einem langen Tag in **Swakopmund** › S. 104 an. Am Morgen danach ist Zeit für einen Stadtspaziergang mit Besichtigung von Museum, Aquarium und reizvoller Kolonialarchitektur, das Abendessen genießen Sie am Atlantik mit fangfrischem Fisch.

Frühmorgens fahren Sie nach **Walvis Bay** › S. 111. Die Strandpromenade ist unendlich lang, die Lagune voller Flamingos und anderer Vögel. Die Bootsfahrt in der Lagune mit Robben und Delfinen dauert bis mittags, dann sollten Sie bald aufbrechen, damit genügend Zeit bleibt für die lange,

Felsmalereien im Erongomassiv

staubige Fahrt in das Naukluft-Gebirge. Mehrere Gästefarmen liegen in der Umgebung des Gebirgsstocks; BüllsPort hat wunderschöne Wanderwege in den Schluchten markiert. Mit dem Auto geht es bergauf und zu Fuß hinunter.

Am Folgetag fahren Sie nachmittags weiter nach **Sesriem** › S. 82 und übernachten in einer der teuren Lodges direkt am Eingang zum **Namib-Naukluft-Nationalpark** › S. 103 oder – weitaus günstiger – in der 70 km nördlich gelegenen Namib Desert Lodge, an der Sie unterwegs vorbeigefahren sind. Wofür auch immer man sich entscheidet, bei Sonnenaufgang sollte man am Einfahrtstor stehen (früher darf niemand hinein). Nach einer Stunde Fahrt finden Sie sich inmitten der erstaunlichen Dünenwelt um das **Sossusvlei** wieder, die sich nach der Regenzeit in den Wasserflächen der umliegenden Salzpfannen spiegelt. Über das bizarre **Schloss Duwisib** › S. 83, eine hundertjährige Burg mit entsprechender Möblierung, gelangen Sie in die **Tirasberge** › S. 84. Mehrere Gästefarmen und das **Namtib-Biosphärenreservat** › S. 85 empfangen und verwöhnen hier Besucher. Auf Wanderungen und bei Pirschfahrten sieht man Felsmalereien, Bergzebras, Antilopen und mit Glück Leoparden. Paviane sind reichlich vertreten, ebenso die possierlichen Erdmännchen. Vielleicht sehen Sie eines der berühmten Namib-Wildpferde zwischen der Ortschaft **Aus** und **Lüderitz** › S. 85. Zehn Kilometer davor versinkt linker Hand die Diamantengräberstadt **Kolmanskop** › S. 87 seit 100 Jahren im Sand – merken Sie sich den Besuch für den nächsten Morgen vor. Noch einmal sind köstlicher Fisch und als Vorspeise Austern satt angesagt. Frühmorgens kann man mit einem Katamaran zum Diaz Point segeln oder mit dem Auto zum Diaz Point fahren, wo portugiesische Seefahrer ein erstes Steinkreuz an die Küste stellten. Rechtzeitig zur Führung sollte man Kolmanskop erreichen! Wer sich mehr Zeit nehmen möchte, kann noch eine Nacht in Lüderitz verbringen, die Führung mitmachen und dann direkt zum Fish River weiterfahren.

An der Zugangsschlucht zum **Fish River Canyon** › S. 88 liegen die Unterkünfte der Gondwana Desert Collection, wo für jeden Geldbeutel etwas dabei ist. Am nächsten Morgen sind Wanderungen in den umliegenden Bergen möglich, eine anschließende Fahrt zum Canyonrand (hinunter dürfen nur Wanderer, die vorhaben, den gesamten Canyon zu durchmessen) oder gar ein Flug über die zweitgrößte Schlucht der Welt. Am Nachmittag geht es weiter nach **Keetmanshoop** › S. 90. Wer mag, kann vor dem Abendessen noch einige Kolonialgebäude und das Museum besuchen.

Fahren Sie am nächsten Morgen so zeitig los, damit Sie kurz nach Mittag in Mata Mata sind. Die Anfahrt auf den Pisten nimmt einige Stunden in Anspruch und Sie wollen schließlich noch die Köcherbaumwälder und Versteinerungen an der C 17 besuchen. Die Eintrittsformalitäten in den **Kgalagadi Transfrontier Park** › S. 92 sind schnell erledigt, die Fahrt auf der Wellblechpiste zu dem von Ihnen gebuchten Rastlager dauert da schon län-

Steppenzebras leben in Sippenverbänden, die Anzahl der Tiere hängt von der Qualität des Lebensraums ab

ger (besser geht's, wenn man den Luftdruck in den Reifen etwas ablässt). Der Mindestaufenthalt im Park beträgt zwei Tage, die sich für Pirschfahrten aber allemal lohnen. Vielleicht kann man beobachten, wie einer der Kalahari-Löwen eine Antilope schlägt.

Nach zwei Tagen Wüste und rauer Piste ist die Fahrt auf den Schotterstraßen Namibias ein wahrer Genuss, auch wenn die Etappe zur Gästefarm **Kiripotib** › S. 70 sehr lang ist. Nach wilden Tieren und Landschaft stehen nun Kunst und Handwerk auf dem Programm. Auf Kiripotib wird die Wolle der genügsamen Karakulschafe gewaschen, gefärbt, gesponnen und zu Teppichen gewebt. Die Dame des Hauses entwirft Schmuck und hat die Gästezimmer elegant eingerichtet.

Am nächsten Tag auf dem Weg nach **Peperkorrel** › S. 70 passiert man Dordabis, das Zentrum der Zucht von Karakulschafen. In der Umgebung liegen Gästefarmen wie die für Astronomen interessante Hakos Gästefarm (www.hakos-astrofarm.com), die wie Kiripotib (www.kiripotib.com) auch mehrere Instrumente zur Himmelsbeobachtung besitzt, oder die hübsche Eningu Clayhouse Lodge bei der Farm Peperkorrel. Von hier sind es zwei Stunden Fahrt, erst auf Piste und schließlich auf Asphalt der B 6, zurück zum Ausgangspunkt der Reise.

INFOS VON A–Z

ÄRZTLICHE VERSORGUNG
Die medizinische Versorgung entspricht europäischem Standard. Krankenhäuser und Apotheken gibt es in jeder Stadt. Durch die z. T. großen Entfernungen zwischen den Siedlungen ist allerdings die Notfallversorgung nach Autounfällen mehr als problematisch. Einen schnellen Rettungsdienst (mit Flug- und Fahrzeugen) bietet das private Unternehmen ISOS an, Auskunft: Tel. (Deutschland) +49 61 02/3 58 81 00, www.internationalsos. com.

AUSRÜSTUNG UND GEPÄCK
Ins Gepäck gehören ein Fernglas zur Tierbeobachtung, Sonnenbrille und Sonnenhut. Campingausrüstung gibt es günstig vor Ort zu kaufen /zu mieten.

DEVISENBESTIMMUNGEN
Es gibt keine Begrenzung für Fremdwährungen. Namibische Dollar tauscht man im Land günstiger.

DIPLOMATISCHE VERTRETUNGEN
- **Botschaft der Bundesrepublik Deutschland,** Sanlam Center,
  154 Independence Ave., Windhoek,
  Tel. 0 61/27 31 00,
  www.windhuk.diplo.de
- **Österreichisches Honorarkonsulat,**
  Am Wasserberg 13, Klein Windhoek,
  Tel. 0 61/22 21 59,
  www.austrian-consulate.com
- **Schweizer Konsularcenter,**
  225 Veale Street, Brooklyn, Pretoria,
  Tel. +27/12/4 52 06 60
  www.fdfa.admin.ch

EIN- UND AUSREISE
Zur Einreise bei einem Aufenthalt bis zu 90 Tagen genügt für Deutsche, Österreicher und Schweizer ein noch sechs Monate gültiger Reisepass mit mindestens zwei freien Seiten. Kinder benötigen ein eigenes Reisedokument. Auch für die Einreise in die Nachbarländer Simbabwe, Botswana und die Republik Südafrika genügt der gültige Reisepass. Für die Einreise nach Sambia ist ein Touristenvisum erforderlich und an der Grenze erhältlich; es kostet 50 US\$.

ELEKTRIZITÄT
Die Netzspannung in den Städten beträgt 220 Volt. Adapter für die dreipoligen Steckdosen können vor Ort gekauft oder in Hotels geliehen werden.

FEIERTAGE/SCHULFERIEN
Gesetzliche Feiertage: **1. Jan:** New Year's Day; **21. März:** Independence Day; **März/ April:** Good Friday (Karfreitag), Easter Monday (Ostermontag), **1. Mai:** Workers' Day, **4. Mai:** Cassinga Day, **25. Mai:** Africa Day, **Mai/Juni:** Ascension Day (Christi Himmelfahrt), **26. Aug.:** Heroes' Day, **10. Dez.:** Human Rights' Day, **25. Dez.:** Christmas Day, **26. Dez.:** Family Day.

Schulferien sind im April/Mai, im Aug./ Sept. und im Dez./Jan.

FOTOGRAFIEREN
UV-Filter und Polarisationsfilter sind empfehlenswert. Nehmen Sie ausreichend Speicherchips, Ladekabel und Batterien mit.

GELD UND WÄHRUNG
Währungseinheit ist der Namibia Dollar (N\$). Er ist fest an den südafrikanischen Rand gebunden, der ebenfalls überall akzeptiert wird (in Südafrika allerdings kann nicht mit N\$ bezahlt werden).

Banken gibt es in allen größeren Orten. Hotels und Lodges wechseln zu einem schlechteren Kurs. Empfehlenswert ist eine Kreditkarte, die abgesehen von Tankstellen und wenigen Gästefarmen überall akzeptiert wird (mit PIN!). Einige Geldautomaten funktionieren mit Bankcard und PIN-Nummer.

GESUNDHEITSVORSORGE

Das Leitungswasser ist fast überall trinkbar, Obst und Gemüse kann man bedenkenlos essen. Impfungen sind bei Reisen auf den Hauptrouten nicht nötig und müssen auch bei der Einreise nicht nachgewiesen werden. Wichtig ist ein guter Sonnenschutz! Im nördlichen Landesdrittel ist Malariaprophylaxe empfohlen (Auskunft bei den Tropeninstituten). Mindestens so wichtig wie medikamentöse Prophylaxe ist der Schutz vor Stichen (langärmelige Hemden bzw. Blusen, lange Hosen, Moskitonetz, Anti-Moskito-Mittel).

INFORMATIONEN

Prospekte sowie die kostenlos vom Tourismusministerium verteilte Namibia-Karte mit bezifferten Pisten erhält man von
• **Namibia Tourism**, Schillerstr. 42–44, 60313 Frankfurt/M., Tel. 0 69/621 33 73 60, www.namibia-tourism.com.
In Namibia gibt es in jeder größeren Stadt ein Informationsbüro (weißes »i« auf grünem Grund). Manche Büros sind private Reisebüros, die den Service im Auftrag des Staates anbieten.
• Hauptbüro: **Namibia Tourism** in Windhoek > S. 62.

KLEIDUNG

Wegen der großen Temperaturschwankungen zwischen den Regionen und zwischen Tag und Nacht braucht man sowohl leichte sommerliche als auch sehr warme Kleidung. Am wichtigsten ist festes Schuhwerk. Die Namibier lieben es auch bei offiziellen Anlässen ganz leger, Ausgehkleidung kann man deshalb zu Hause lassen.

KRANKENVERSICHERUNG

Da es kein Versicherungsabkommen mit Namibia gibt, empfiehlt sich der Abschluss einer Auslandskrankenversicherung, die auch einen medizinisch notwendigen Rücktransport abdeckt. Gesetzliche Krankenkassen erstatten keine Kosten.

LITERATUR

Als ergänzende Literatur empfehlen sich die **Naturführer** von P. Craven und Ch. Marais über die Flora in der Namib, am Waterberg und im Damaraland sowie **Namibias bunte Vogelwelt** von E. Demasius/Ch. Marais (Gamsberg McMillan, erhältlich in Souvenirshops).

Eine spannende Reiselektüre verspricht der Roman von Henno Martin, **Wenn es Krieg gibt, gehen wir in die Wüste**, Two Books, 2008.

Daniel Bachmann begibt sich in **Die Wüstenapotheke**, Droemer, 2007, auf die Suche nach dem Wissen der San über die Heilkraft der Kalahariplanzen.

NOTRUF

• **Polizei**, Tel. 1 01 11 (landesweit)
• **Feuerwehr und Rettungsdienst**, Windhoek, Tel. 0 61/21 11 11

ÖFFNUNGSZEITEN

Geschäftszeiten sind Mo–Fr 9–13 und 15 bis 18, Sa 9–13 Uhr. Einige Supermärkte und Souvenirshops in den größeren Städten machen auch am Sonntag vormittags auf, Banken sind Mo–Fr 9–15.30, Sa 9 bis 11 Uhr geöffnet.

POST/INTERNET

Postämter sind meist 8.30–16.30 Uhr geöffnet, kleinere Ämter machen häufig eine Mittagspause. Briefmarken bekommen Sie auch in den Souvenirshops oder im Hotel.

In vielen größeren Ortschaften existieren **Internetcafés,** auch Hotels und Lodges bieten Gästen Online-Service.

RADIO, FERNSEHEN, ZEITUNG

Der namibische Rundfunk sendet mehrmals täglich Nachrichten in deutscher Sprache. Das Fernsehprogramm wird in Afrikaans und Englisch, gelegentlich auch in Deutsch ausgestrahlt.

Die Tageszeitung AZ (Allgemeine Zeitung – auf Deutsch) ist in Papierform und digital erhältlich, www.az.com.na.

SICHERHEIT

Obwohl Diebstähle und Überfälle zugenommen haben, ist Namibia nach wie vor ein sicheres Reiseland, solange man folgende Regeln beachtet: Nie Gepäck im Auto lassen, möglichst auf bewachten Plätzen parken, in Städten keine Wertsachen spazieren tragen und nachts einsame Gegenden meiden sowie bei Überlandfahrten nicht an Rastplätzen in der Nähe von Siedlungen anhalten. Informieren Sie sich vor Reiseantritt z. B. in den Länder- und Reiseinformationen des Auswärtigen Amts, www.auswaertiges-amt.de.

SOUVENIRS

Die gängigsten Souvenirs sind Holzschnitzereien, kleine Herero-Puppen, filigranes, von Kindern gebasteltes Drahtspielzeug und Halbedelsteine, geschliffen und nach Kilogramm verkauft. Teurer sind Kleidung und Accessoires aus Straußenleder, Swakara-Jacken und -Mäntel und Teppiche aus Karakulwolle.

Da die Länder des südlichen Afrikas ihre Elefantenpopulation durch jährliche Abschussquoten kontrollieren, werden Elfenbeinprodukte entgegen dem Washingtoner Artenschutzabkommen legal verkauft. Auf den europäischen Flughäfen werden solche Souvenirs beschlagnahmt, und es droht hohes Bußgeld, www.artenschutz-online.de!

TELEFON

In den Städten kann man von öffentlichen Telefonzellen und Telecom-Läden telefonieren (meist Kartenbetrieb). Das Telefonieren von manchen abgelegenen Gästefarmen ist umständlich, da dort teilweise noch handvermittelt werden muss.

Handys mit dem europäischen Standard (GSM 900, GSM 1800) funktionieren in den Städten, einigen Rastlagern und auf vielen Überlandstrecken.

Internationale Vorwahlnummern
• Deutschland 00 49, Österreich 00 43, Schweiz 00 41, Namibia 0 02 64, Südafrika 00 27, Botswana 00 2 67, Sambia 0 02 60, Simbabwe 0 02 63

TRINKGELD

In den großen Hotels richte man sich nach den internationalen Gepflogenheiten. Pensionen, Lodges und Gästefarmen besitzen häufig eine »tip box« (Trinkgeldkasse) für alle Angestellten.

ZEIT

Während der mitteleuropäischen Sommerzeit minus eine Stunde, während der Winterzeit plus eine Stunde.

ZOLLBESTIMMUNGEN

Urlauber dürfen Gegenstände des persönlichen Bedarfs einführen; erlaubt ist die Ein- bzw. Ausfuhr von 1 l Spirituosen, 2 l Wein und 400 Zigaretten.

Ins Heimatland dürfen Waren bis zu einem Wert von 430 € (Reisende unter 15 J. bis zu 175 €) bzw. 300 CHF zollfrei mitgebracht werden.

🏺 URLAUBSKASSE

• Tasse Kaffee	1,50 €
• Softdrink	1 €
• Glas Bier	1,50 €
• Billtong (Dörrfleisch)	1,50 €
• Kugel Eis	0,50 €
• Taxifahrt (pro Km)	1–2 €
• Mietwagen/Tag	ab 50 €
• 1 l Superbenzin	ca. 1 €

REGISTER

BILDNACHWEIS

Coverfoto Elefant auf einer Sanddüne an der Skelettküste, Namibia © AWL Images/Nature in Stock
Fotos Umschlagrückseite Huber Images/Dörr, C. (links); Shutterstock/Trolle, Mogens (Mitte); Shutterstock/
Moments by Mullineux (rechts)

Alamy Stock Photo/Hurd, Scott: 71; Alamy/Imagebroker: 122; Fotolia/Ciesielski, Cisek: 32; Getty Images/AJ_
Watt: 31; Getty images/DEA/G. SOSIO: 82; Getty Images/Graben, Matthias: 58; Getty Images/ Universal Images
Group/Hoberman: 56–57; Huber Images/Bernhart, Udo: 67; Huber Images/Dörr, C.: 40; Huber Images/Fantuz,
Olimpio: 101; Huber Images/Mirau: 9; Huber Images/Ritterbach, Jürgen: 141; ifa Bilderteam/Gottschalk: 86;
iStockphoto/mtcurado: 107; iStockphoto/Richter, Bernhard: 54, 68; Jahreszeitenverlag/Lengler, Gregor: 89;
76; laif/Hahn, Paul: 10; laif/hemis.fr/Mattes, Rene: 20–21, 139; laif/hemis/Rieger, Bertrand: 119; laif/Le Figaro
Magazine/Gladieu, Stephan: 52; laif/Oberholzer, Obie: 36–37; Mauritius Images/imageBROKER: 35; Köthe, Fried-
rich/Schetar, Daniela: 8, 28; seasons agency/Jalag/Koschel, Philip: 43; seasons agency/Jalag/Lengler, Gregor:
13, 75; Shutterstock/263 Oben: 94; Shutterstock/Dcruz, Sam: 125; Shutterstock/EcoPrint: 16; Shutterstock/
elleon: 110; Shutterstock/Estvanik, Steve: 70; Shutterstock/French, Paula: 23, 126; Shutterstock/Gallas, Karel:
144; Shutterstock/Gallet, Matthieu: 19; Shutterstock/Gluza, Pawel: 45; Shutterstock/Grobler du Preez: 14, 62,
74; Shutterstock/Hansen, Jan-Dirk: 142; Shutterstock/ingehogenbijl: 17; Shutterstock/Janvdb95: 49; Shutter-
stock/Kanuman: 137; Shutterstock/LouieLea: 72, 130; Shutterstock/meunierd: 39; Shutterstock/Moments by
Mullineux: 93; Shutterstock/Petrova, Maria: 102; Shutterstock/phodo: 109; Shutterstock/Pichugin, Dmitry: 6–7;
Shutterstock/Richter, Bernhard: 148; Shutterstock/Trolle, Mogens: 131; Shutterstock/Znamenskiy, Oleg: 18, 47,
97; Stock.adobe.com/Krueger, Carsten: 112; Stock.adobe.com/Oliver: 90; Unsplash/S., Johann: 150.

Liebe Leserin, lieber Leser,
wir freuen uns, dass Sie sich für diesen POLYGLOTT on tour entschieden haben.
Unsere Autorinnen und Autoren sind für Sie unterwegs und recherchieren sehr gründlich,
damit Sie mit aktuellen und zuverlässigen Informationen auf Reisen gehen können.
Dennoch lassen sich Fehler nie ganz ausschließen. Wir bitten Sie um Verständnis, dass der
Verlag dafür keine Haftung übernehmen kann.

Ihre Meinung ist uns wichtig. Bitte schreiben Sie uns:
GRÄFE UND UNZER VERLAG
Postfach 86 03 66, 81630 München, Tel. 0 89 / 419 819 41
www.polyglott.de

LESERSERVICE
polyglott@graefe-und-unzer.de
Tel. 0 800 / 72 37 33 33 (gebührenfrei in D, A, CH), Mo–Do 9–17 Uhr, Fr 9–16 Uhr

1. Auflage 2019

© 2019 GRÄFE UND UNZER VERLAG GmbH,
München
Dieses Buch wurde auf chlorfrei gebleichtem
Papier gedruckt.
ISBN 978-3-8464-0433-1

Alle Rechte vorbehalten. Nachdruck, auch
auszugsweise, sowie die Verbreitung durch
Film, Funk, Fernsehen und Internet, durch
fotomechanische Wiedergabe, Tonträger und
Datenverarbeitungssysteme jeglicher Art nur
mit schriftlicher Genehmigung des Verlages.

Bei Interesse an maßgeschneiderten
B2B-Editionen:
gabriella.hoffmann@graefe-und-unzer.de

Bei Interesse an Anzeigen:
KV Kommunalverlag GmbH & Co KG
Tel. 089/928 09 60
info@kommunal-verlag.de

Verlagsleitung: Grit Müller
Verlagsredaktion: Anne-Katrin Scheiter
Autor: Daniela Schetar und Friedrich Köthe
Redaktion: Buch und Gestaltung, Britta Dieterle
Bildredaktion: Katja Oweger
Mini-Dolmetscher: Langenscheidt
Umschlaggestaltung & Layout:
Independent Medien Design, München
Horst Moser (Artdirection), Lucie Heselich
Karten und Pläne: Theiss Heidolph
und Kunth Verlag GmbH & Co. KG
Satz: uteweber-grafikdesign
Herstellung: Anna Bäumner,
Gloria Schlayer
Druck und Bindung:
Printer Trento, Italien

PEFC/18-31-506

GRÄFE UND UNZER

Ein Unternehmen der
GANSKE VERLAGSGRUPPE

MINI-DOLMETSCHER ENGLISCH

ALLGEMEINES

Guten Morgen.	Good morning. [gud **moh**ning]
Guten Tag. (nachmittags)	Good afternoon. [gud after**nuhn**]
Hallo!	Hello! [**hälloh**]
Wie geht's?	How are you? [hau ah‿ju]
Danke, gut.	Fine, thank you. [**fain**, **θänk**‿ju]
Ich heiße ...	My name is ... [mai **nehm**‿is]
Auf Wiedersehen.	Goodbye. [gud**bai**]
Morgen	morning [**moh**ning]
Nachmittag	afternoon [after**nuhn**]
Abend	evening [**ihw**ning]
Nacht	night [nait]
morgen	tomorrow [tu**morr**oh]
heute	today [tu**deh**]
gestern	yesterday [**jes**terdeh]
Sprechen Sie Deutsch?	Do you speak German? [du‿ju spihk **dsehöhm**ən]
Wie bitte?	Pardon? [**pahdn**]
Ich verstehe nicht.	I don't understand. [ai **dohnt** anderständ]
Würden Sie das bitte wiederholen?	Would you repeat that please? [wud‿ju ri**piht** ðät, **plihs**]
bitte	please [**plihs**]
danke	thank you [**θänk**‿ju]
was / wer / welcher	what / who / which [wott / huh / witsch]
wo / wohin	where [wää]
wie / wie viel	how / how much [hau / hau **matsch**]
wann / wie lange	when / how long [wänn / hau **long**]
warum	why [wai]
Wie heißt das?	What is this called? [**wott**‿is ðis **kohld**]
Wo ist ...?	Where is ...? [**wää**r‿is ...]
Können Sie mir helfen?	Can you help me? [kän‿ju **hälp**‿mi]
ja	yes [jäss]
nein	no [noh]
Entschuldigen Sie.	Excuse me. [iks**kjuhs** miðə]
rechts	on the right [on ðə reit]
links	on the left [on ðə left]
Gibt es hier eine Touristeninformation?	Is there a tourist information? [is‿ðər‿ə **tu**ərist infəmehschn]
Haben Sie einen Stadtplan?	Do you have a city map? [du‿ju häw‿ə **Bi**ti mäpp]

SHOPPING

Wo gibt es ...?	Where can I find ...? [wää kən‿ai **faind** ...]
Wie viel kostet das?	How much is this? [hau‿matsch is‿ðis]
Das ist zu teuer.	This is too expensive. [ðis‿is **tuh** iks**pänn**Biw]
Das gefällt mir (nicht).	I like it. / I don't like it. [ai **laik**‿it / ai **dohnt laik**‿it]
Wo ist eine Bank / ein Geldautomat?	Where is a bank / a cash dispenser? [**wää**r‿is ə‿**bänk** / ə **käsch** dis**pänn**ser]
Geben Sie mir 100 g Käse / zwei Kilo ...	Could I have a hundred grams of cheese / two kilograms of ... [kud‿ai häw‿ə **hann**drəd grämms‿əw **tschihs** / **tuh kill**əgrämms‿əw ...]
Haben Sie deutsche Zeitungen?	Do you have German newspapers? [du‿ju häw **dsehöhm**ən **njuhs**pehpers]

ESSEN UND TRINKEN

Die Speisekarte, bitte.	The menu please. [ðə **männ**ju plihs]
Brot	bread [bräd]
Kaffee	coffee [**koff**i]
Tee	tea [tih]
mit Milch / Zucker	with milk / sugar [wið‿**milk** / **schugg**er]
Orangensaft	orange juice [**orr**əndseh‿dsehuhs]
Mehr Kaffee, bitte.	Some more coffee please. [Bəm‿moh **koff**i plihs]
Suppe	soup [Buhp]
Fisch	fish [fisch]
Fleisch	meat [miht]
Geflügel	poultry [**pohl**tri]
Beilage	sidedish [**Baid**disch]
vegetarische Gerichte	vegetarian food [**wäd**sehətäriən fud]
Eier	eggs [ägs]
Salat	salad [**Bäl**əd]
Dessert	dessert [di**söht**]
Obst	fruit [fruht]
Eis	ice cream [ais **krihm**]
Wein	wine [wain]
weiß / rot / rosé	white / red / rosé [wait / räd / **roh**seh]
Bier	beer [biə]
Mineralwasser	mineral water [**minn**rəl wohter]
Ich möchte bezahlen.	I would like to pay. [ai‿wud **laik**‿tə peh]

MEINE ENTDECKUNGEN

....

....

....

....

....

....

....

....

....

....

....

....

....

....

....

....

....

....

Teilen Sie Ihre Entdeckungen auf facebook.com/Polyglottreisewelt.

CHECKLISTE NAMIBIA

Nur da gewesen oder schon entdeckt?

☐ **WILDBEOBACHTUNG**
Antilopen, Nashörner, Elefanten und Löwen lassen sich an einem der beleuchteten Wasserlöcher in den Rastlagern des Etosha-Nationalparks sehr gut beobachten. › S. 125

☐ **WÜSTE VON OBEN**
Im Heißluftballon frühmorgens über den Dünen und Sandmeeren zu schweben zählt zu den intensivsten Erlebnissen, die das Land zu bieten hat. › S. 32

☐ **TREKKING IM NAUKLUFT-GEBIRGE**
Auch schon eine kleinere Tour auf dem 10 km langen Olive-Trail vermittelt eindrucksvolle Szenarien des bizarren Gebirges. › S. 80

☐ **NATUR AUF DEM PFERDERÜCKEN ERLEBEN**
Erkunden Sie das Etusis-Wildschutzgebiet auf dem Rücken besonders geduldiger und gutmütiger Basotho-Pferde. › S. 102

☐ **WELTNATURERBE NAMIB-WÜSTE**
Lassen Sie einmal die nächtliche Namib auf sich wirken, am Camp Ganab beispielsweise. › S. 12, 99

☐ **AUSTERN SATT**
Wenn Sie Austern lieben, dann probieren Sie die Delikatesse im Diaz Coffee Shop, Oyster & Winebar oder im Nest Hotel in Lüderitz. › S. 13, 87

☐ **WASSER IM WÜSTENGEBIRGE**
Eine Fata Morgana? Nein, die Epupa Falls sind echt! Nach der Fahrt durchs aride Kaokoveld verheißen die Wasserfälle des Kunene Fruchtbarkeit. › S. 115

🎒 **MITBRINGSEL**

- Kleine aus Holz oder Wurzeln **geschnitzte Wildtiere** vom Markt in Okahandja › S. 74
- Die San verarbeiten **Straußeneierschalen** zu Perlen und fertigen daraus **Ohrringe oder Halsketten** › S. 118